Answer of LINE message

LINEの答えあわせ

Misunderstanding between Male and Female

男と女の勘違い

東京カレンダー

宝島社

Contents

Case 1
Junpei × Sayuri

Case 2
Naoya × Rina

Case 3
Haruka × Naoya

Case7

Tomoya × Ayako

Case8

Shinya × Miki

Case9

Keita × Karina

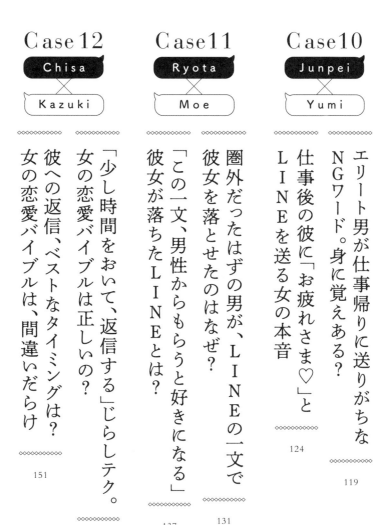

Case16

Haruka × Junpei

Case17

Yuji × Misaki

Case 1

Junpei

▼

Sayuri

盛り上がったはずが。よくある「突然の既読スルー」という地獄

僕とさゆりの出会いは、ありふれた食事会だった。

勤め先の証券会社で、同じ部署の先輩である中岡さんが開いた食事会。

外資系証券会社というブランドは抜群で、大概の女性は、会社名を言うと目の色を変えて食いついてくる。その変わり身の早さに、僕はいつも少し驚いてしまう。

この日もそんな感じだろうと思い、大した気合いも入れず、中岡さんから指定されたペルー料理店『ペポカ』へ向かった。

無類の肉好きなのでせめて食事は楽しもうと決めていたが、料理よりもそこにいたさゆりに惹かれた。

肩くらいで綺麗に揃えられた黒髪に、上品なニットのセットアップ。いわゆる〝ゆるふわ系〟女子が苦手な僕にとって、サバサバした姉御肌な彼女はタイプだった。

食事会に生産性はない、と思っていたが、たまには良い出会いもあるようだ。

「純平くんって、学生時代ラグビーかアメフトしてた？」

さゆりがそっと、僕の二の腕の膨らんだ部分を触ってくる。

最近のラグビーブームで、体格の良い俺は急に市民権を得た（実際にはアメフト部に所属していたのだが、女性からするとアメフトもラグビーも一緒らしい）。

「体格の良い男性って、頼れる気がして素敵だよね」

テンションが、最高値まで上がる。これは大いに脈アリだ。

遠回しに好きだと言われたような気分になり、すっかり舞い上がってしまう。そして何より、面白くて知的なさゆりとの会話は大いに盛り上がった。

しかししばらくして、さゆりの友達が朝早いということでお開きにしよう、という話になった。

「じゃあ、とりあえずグループＬＩＮＥ作ろうよ」

中岡さんが仕切りながら、お互いＱＲコードを読み取り合い、食事会定番のグループＬＩＮＥを作成する。

満開のピークは過ぎたが、次回はみんなで花見をしようということで、グループ名は〝お花見会〟となった。

翌日、お礼ＬＩＮＥが携帯に鳴り響く。

各々〝ごちそうさまでした〟と言い合い、〝楽しかった〟と送り合う、お決まりのアレだ。

女性陣は毎回丁寧に送ってくれるが、忙しいときは基本的に流し読みだ。しかしさゆりからの返信に、ふと手が止まる。

〝昨日はありがとうございました！　そしてご馳走さまでした！　また近々〟

さゆりらしい、絵文字も少ないアッサリとしたＬＩＮＥ。その文面に思わず笑みがこぼれる。

僕もこのお礼ＬＩＮＥ合戦に参戦しようかと思ったが、とりあえず夕方になったら返そう。すぐ返信し、気合十分と思われるのも嫌だ。

しかし夕方はクライアントからの電話が鳴りやまず、ＬＩＮＥを開いている暇もなく、皆のグループＬＩＮＥに返信できたのは21時を過ぎていた。

そこから二〜三日の間は、グループ内で〝花見はいつにする？〟などの会話が続いていた。

結局、多忙な大人四人の日程はなかなか合わず、何となくグループＬＩＮＥの会話は消えていった。

そして食事会から四日経ち、僕はさゆりに個別でＬＩＮＥを送った。

〝お疲れさま！　この前はありがとう。楽しかったです！〟

〝こちらこそありがとうございました。お花見、みんなの都合が合わなくて残念です〟

〝桜、散っちゃうよね（笑）ところでさゆりちゃん、休みは土日だっけ？〟

〝そうですよ～♫　純平さんも土日休みですよね？〟

〝そうだよ！　休みの日は何してるの？〟

〝外でご飯食べたり、買い物したり……かなー〟

〝さゆりちゃん、忙しそうだね。来週末って何してる？〟

〝来週土曜は空いてますが……〟

〝それならご飯行かない？〟

こうして、僕はさゆりとのご飯の約束を来週土曜日に取り付けた。

六本木の裏通りにある『イル　フィーゴ　インゴルド』は駅から少し遠いにもかかわらず、相変わらず混んでいて、にぎやかな店内には熱気が溢れていた。

何だか妙に緊張してしまい、テーブルに置かれた水を飲み干す。前回の流れを考えると、良い感じなことは間違いない。一人でいろいろ思い巡らせているところに、さゆりは登場した。

「このお店、雰囲気良くて素敵だね。純平くんのオススメ教えて！」

「でしょ？　ここのおすすめは骨つきのリブサーロインだから。これは絶対食べてほしいな」

響きだけでも美味しそう、と笑うさゆりを見て思わずこちらも笑顔になる。

「じゃあサラダとプロシュート、フリットもいけるかな？　魚もいきたいよね。パスタは何がいい？」

「さすが元アメフト部。よく食べるね」

今日のさゆりは、前回とうって変わって女性らしいタイトめのワンピースで、このスタイルもよく似合っていた。

「それ、どこで買ったの？」

遠回しに素敵だね、と言ってみたがさゆりに伝わっただろうか。

この日も会話は盛り上がり、居心地のよい時間が流れていく。ワインも二人で一本空け、グラスワインも二杯飲んだ後レモン・チェッロまで飲んだら完全に酔っ払ってしまった。

「今日はありがとう。楽しかったよ」

送っていこうか？　とも言いかけたが、初回は控えめにいこう。タクシーで帰るという彼女を先に乗せ、見送った。

翌日、二日酔いの頭を抱えながら起きるとさゆりからＬＩＮＥが入っていた。

〝**昨日はありがとうございました😊とっても楽しかったです**〟

それを見て、さり気なく次回への期待も匂わせる返信をする。

しかし、ここからさゆりからの返信は一向に来なくなった。

ＬＩＮＥのやり取りを見直してみるが、さゆりのテンション的にも僕が送ったＬＩＮＥの内容的にも、機嫌を損なうようなポイントは見つからない。

誘い方がまずかったのか、忙しくてスケジュールがまだ分からないのか……。しつこく送るのもためらわれる。しかし気になって仕方ない。

一度だけスタンプを送ったが、結局返信はなかった。

既読スルーになったとき、初めて気がついた。さゆりは、もう僕に会う気はないようだ、と。食事のときは、あんなに盛り上がったのに……。

せっかくのチャンスを、一体僕はいつ棒に振ったのだろうか。携帯の画面を見つめながら一人頭を抱えた。

Sayuri
▼
Junpei

デート後「今日は楽しかったです！」の一文に潜む、女の嘘

目の前に座る、アメフト部出身のいかつい体型をした純平。クマさんのように可愛らしい彼は、最初から私のタイプだった。

女子校出身のせいか、昔からなぜか男気溢れる人に惹かれてしまう。

少年がそのまま大人になったかのような、真っ直ぐな瞳。外資系ビジネスマンにありがちな自意識過剰な様子もなく、自然体なところが魅力的だった。

「純平くんって、元アメフト部でしょ？」

恥ずかしそうに下を向いて笑う顔に、思わず胸が締め付けられる。

もうすぐ私は、28歳になる。でも仕事が忙しく、ろくに恋愛する時間すらなかった。そろそろ結婚したい自分にとって、目の前に座る純平はまさしく優良物件そのもの。

――顔良し、性格良し、職業良し。

一人でそっと頷《うなず》きながら、適当に相槌を打ちながらニコニコと話を聞いていた。

思いのほか純平との会話は弾み、次の約束をしようとしたとき、友人の真由が帰ると言うのでいったんお開きになった。

「じゃあ、グループLINE作ろう」

まるで食事会での儀式のようなこの行為。もう何度繰り返してきたのだろう。でも、今夜は純平に会えたからよしとしよう。

本当はもう一軒行きたかったが、今日はおしまい。新たな恋の予感を感じつつ、ふんわりと幸せなベールに包まれながら帰路についた。

〝昨日はありがとうございました！　そしてご馳走さまでした！　また近々〟

翌日、お決まりのお礼メールを送り合う。

女の子らしいことが苦手な性格なので、男性にハートマークを送るのは気がひける。特に付き合ってもいない男性ならなおさらだ。

純平の先輩である中岡さんは、即レスだった。しかし肝心の純平から返信が入ったのは、21時を過ぎていた。

「何さゆりニヤけてるの？　純平さんから返信来たね」

二日連続で、真由とご飯だ。今夜は、昨日の食事会の反省を兼ねて、会社の近くの『マジカメンテ』で女子会。

ここは手打ちパスタが美味しくて、通称〝レアパスタ〟と呼ばれる個性派のパスタが楽しめる。また自然派ワインが揃っており、女子会にはもってこいのお店だ。

牛肉のパスタをつまみながら、純平からのＬＩＮＥに思わず口元がゆるむ。

「にやけてた？　純平さん、ちょっといいかなーと思って」

「彼いいんじゃない？　さゆりのこと好きそうだったし」

「やっぱりそうかな？」

女子会というのは、永遠に話が尽きない。そして何より、貴重な情報交換の場でもある。

真由曰《いわ》く、純平には現在彼女はおらず、嫁候補を探しているとのこと。しかも明らかに、向こうは自分に対して好意を抱いている。これは千載一遇のチャンス到来ではないか。

真由と話しながらも、純平から個別ＬＩＮＥが来るのを待った。

――大概、こういうパターンは、そろそろ彼から個別ＬＩＮＥが来る頃……。

そう思っていたが、純平からＬＩＮＥが来たのはその三日後、出会ってから四日経ってからだった。(1)

だんだん、純平に返信するのが億劫《おっくう》になっている自分がいた。(2)

純平が指定してきた『イル フィーゴ インゴルド』は私の好きなイタリアンのお店の一つでもあった。

「ここのおすすめは骨つきのリブサーロインだから。これは絶対食べてほしいな」

こう聞くと、頭の中はもうリブサーロインでいっぱいだ。美味しいに違いない。早く食べたいと、思わず唾を飲み込んだ。

しかし純平は意外にも前菜を多く頼み、そして肝心なリブサーロインよりパスタに熱心な様子だった。

「でもせっかくだから一通り食べたいよね。サラダとプロシュート、フリットもいけるかな？　魚もいきたいよね。パスタは何がいい？」

よく食べる人は好きだ。男らしくて、見ていて気持ちが良い。

でもこんなにたくさん頼んだら、一番食べたいものが食べられないのではないのだろうか？

結局お肉を食べる頃にはおなかがいっぱいで、とても苦しかった。

ＬＩＮＥは男性の隠れた性格がよく分かる。純平のＬＩＮＥで、私はずっと気になっていたことがあった。

――この人は、いつになったら本題に入るのだろうか？

食事に誘いたいならば、回りくどく休みの日の過ごし方を聞く前に、単刀直入に言えばいい。気になっていたなら、四日なんて日にちは空けず、すぐに連絡をくれればいい。レストランでも、メインディッシュを軸にほかのメニューを考えればいい。

この人は、ずっとこういう人生を生きてきたのだろう。慎重に回り道をして、結果的に一番大切なものは逃す。

アラサー未婚女子にとって、時間は宝だ。

回りくどさなんていらない。女は、多少分かりやすくて少し強引なくらいのほうが簡単に落ちる。

純平がお手洗いに行っている間に、食事会の翌日に来たＬＩＮＥをもう一度見直す。

純平からのメッセージのすぐ下に、彼の先輩である中岡からのＬＩＮＥがあった。

〝さゆりちゃん、この前はあまり話せなかったから、今度二人でご飯でもどうかな？〟

女は好意を抱いてくれている人になびく。まだ返していなかったこのLINEに、返信を打った。

お手洗いから戻ってきた純平を笑顔で迎えるが、心はもうここにあらずだ。

きっと明日、「楽しかったです！」とお礼LINEをしたら、もう会うことはないだろう。(3)

心の中で、純平とのLINEのやり取りを思い出しながら、デザートを注文した。

POINT

Q1 食事会後のグループLINE。どのタイミングで個別に送る？

A1 数日経ってようやくでは、いい感じだった人への返信も億劫になりがち

Q2 男がレストランで見られている点は？

A2 メニューの選び方。男のクセが分かります

答えあわせ

食事会後

既読 16:06
お疲れさま！この前はありがとう。楽しかったです！

こちらこそありがとうございました。お花見、みんなの都合が合わなくて残念です。
16:07

既読 16:07
桜、散っちゃうよね（笑）ところでさゆりちゃん、休みは土日だっけ？

そうですよ〜♫ 純平さんも土日休みですよね？
16:08

既読 16:08
そうだよ！休みの日は何してるの？

外でご飯食べたり、買い物したり…かなー。
16:09

既読 16:13
さゆりちゃん、忙しそうだね。来週末って何してる？

来週土曜は空いてますが…
16:13

既読 16:14
それならご飯行かない？

デート後

昨日はありがとうございました😊とっても楽しかったです。
11:20

既読 11:22
こちらこそ、昨日はありがとう！飲みすぎちゃったね。でも楽しかった。気になってるバーがあるんだけど、次はそこに行こう。

22:07

1
いい感じだと思ってたのに、個別LINEが来たのが出会ってから四日後。

2
「この人はいつ本題に入るの！？」だんだん返信が億劫に。

3
この時点で「もう会うことはない」と思っている。で、既読スルー。

Case 2

Naoya

▼

Rina

「今日はありがとうございました♡」デート後すぐ来たお礼LINE。これ、脈アリ？

里奈と出会ったのは、大学の後輩が開催したホームパーティーだった。可愛らしい顔立ちに綺麗な脚。背はそこまで高くないものの、小動物系の愛くるしさがあり、来ていた女性陣のなかでも里奈は群を抜いて目立っていた。ただ者ではない予感がし、主催者である純平に里奈の素性を聞いてみる。

「あの子、学生時代から可愛いって有名な子ですよ。直也さん、会ったことありませんでした？　紹介します」

そう言って、純平はすんなり里奈を僕に紹介してくれた。

「先輩の直也さんです。現在小さなファンドを運営していて。里奈ちゃん、直也さんと繋がっておいたほうがいいよ」

「えぇ～そうなんですね！　今はどちらにお住まいですか？」

後輩の紹介の仕方が良かったのかどうかは定かではないが、予想外に、里奈のほうからいろいろと質問を投げかけてくれた。

そしていとも簡単に、里奈とＬＩＮＥを交換することに成功したのだ。

最初、里奈とのＬＩＮＥのやり取りは非常にスムーズだった。

……最初は。


多忙かと思った里奈とのデートだが、日程はどうにかＦＩＸできた。次は店選びだ。いろいろと店候補を頭の中で整理する。

広尾だったら、素材本来の味が楽しめるフレンチ『ア・ニュ　ルトゥルヴェ・ヴー』だったら間違いない。でも里奈のことだ、きっといろいろな店に行っているだろう。

西麻布にできた話題の新店、『珀狼』などどうだろうか。そんなことを考えながら里奈とＬＩＮＥしているうちに、徐々に不安になってきたことがある。

ＬＩＮＥを送れば送るほど、向こうが既読になるまでの時間、そして返信が来るまでの時間が長くなっていっているのだ。

気のせいかもしれない。でも、最初はすぐ既読になり、返信が来ていたのに、確実にタイムラグが発生している。

こちらは気になるのでこまめにチェックするが、前日の20時半過ぎに送ったＬＩＮＥに対して返信が来たのは、一日経ってからだった。

しかもその間、既読にすらならなかった。

「何で、なかなか既読にならないのだろう……」

単純に、忙しいのかもしれない。たまたまＬＩＮＥを見ていなかった可能性もあるし、頻繁に携帯を見るのが嫌いな女性もいる。最悪、携帯が壊れてしまったのかもしれない。

考えすぎだなと思い直し、胸騒ぎを覚えながらも店の情報を送った。

〝**再来週金曜日、20時から広尾の『ア・ニュ　ルトゥルヴェ・ヴー』で。田中で予約したよ！**〟

しかし予想に反して、こちらはすぐに既読になった。やっぱり考えすぎだったようだ。

――忙しくて、ＬＩＮＥを打つ時間がなかったんだろうな。

そう思い直すことにした。

アプリの不具合だってあるだろうし、仕事で忙しいときにＬＩＮＥを頻繁にチェックできるほど暇ではないだろう。

そう思うと、心が少し軽くなった。

「直也さん、今日はありがとうございます。このお店、来てみたかったんですよね」

『ア・ニュ　ルトゥルヴェ・ヴー』の気品が溢れながらも、どこかホッとする店内を見渡し、里奈がとびっきりの笑顔を向けてくれるので、思わずこちらも笑顔になる。

「里奈ちゃん来たことあった？」

「初めてです♡　来れて嬉しいなー」

店内に足を踏み入れてから、里奈はずっと上機嫌だった。彩り豊かで美しい料理と、ソムリエが選んでくれたワインに感嘆の声を上げている。

「ワイン、大丈夫かな？　今度また、美味しい店巡りしようよ」

「いいですね。ぜひ！」

そこから美味しい店の話やワインの話は尽きることなく、すっかり満たされた気分で外に出た。

「直也さんとのお食事、楽しかったな〜。またグルメツアーしましょうね」

そう言って、里奈は可愛い笑顔を残して颯爽《さっそう》とタクシーへ乗り込んだ。

もう帰っちゃうのか。そう思ったが、わずか数分後に、里奈からＬＩＮＥが送られてきた。

〝今日はありがとうございました✨〟

きっと、タクシーに乗ってすぐに送ってくれたのだろう。もしかすると、まだ一緒にいたいと思ってくれていたのかもしれない。

デートに何の問題もなかったし（むしろ楽しかったし）、また次回行きたい、とまで言ってくれている。

このとき僕は、ここから一気に里奈との関係が大きく動き始めると思っていた。

しかしここから、里奈が既読になる時間は、さらに遅くなる一方だった。

〝来週木曜日、ご飯行かない？〟

意気揚々と送ったこのLINEが、既読になったのは二日後。返信は、まだ来ない。

〝何度もごめんね！　携帯の調子、悪いのかな？〟

三日前に送ったこのLINEは、既読にすらなっていない。

――いつになったら既読になり、返信が来るのだろう……。

うまく言葉にできないモヤモヤをずっと抱えながら、既読になっているかどうか確認し、返信を待っている。

Rina
▼
Naoya

デート後のお礼LINE。すぐ送るのは、翌日に持ち越したくないだけ

直也さんと出会ったのは、男友達の純平が主催したホームパーティーだった。

「いい人が来るから」と言われていたのに、ただ純平が引っ越したばかりのタワマンを自慢したいだけのようなパーティー。

閑散としていてつまらないなぁと思い、足早に退散しようとしたとき、純平から直也さんを紹介された。

「先輩の、直也さんです。現在小さなファンドを運営していて。里奈ちゃん、直也さんと繋がっておいたほうがいいよ」

そう言われて、連絡先を交換しない人はいない。

少し身長が高めで、色白の塩顔。物腰も柔らかくて、直也さんのような爽やかな人を好きな女性は多いだろうな、と思う。

その場では少し会話して別れたけれど、翌日、早速直也さんからＬＩＮＥが来た。

〝里奈ちゃん、直也です。昨日はありがとう！　楽しかった〟

「ありがとう」という言葉を見て、何もお礼を言われるようなことはしていないのに、と思わず笑ってしまった。

この人はきっと、素敵な人なんだろうな。そう思うと微笑ましくて、返信を打ちながら思わず笑顔になっていた。

〝里奈ちゃん、今度ご飯行かない？〟

直也さんからのお食事のお誘いは、すぐにやってきた。素敵だなと思っていたときに、ストレートな誘い文句。断る理由はどこにもない。

しかし徐々に、返信が面倒になってきた。

〝いつ空いてる？〟

〝場所はどこがいいかな？〟

〝時間は20時でいい？〟

――さっきから、この人は質問ばかり。

場所を聞いてくれるのは嬉しいけれど、日程と一緒に聞いてくれれば、話は一度で済む。ＬＩＮＥはチャット形式なので、確かに短文でテンポよく送り合うツールかもしれない。

しかし質問ばかりでかつ即レスされると、徐々に重荷になってくる。(1)

このまま質問合戦が続くのも面倒だったので、少し時間をおいて返信した。

――はぁ……。

思わず、ため息をついた。この人は、一回で質問を終わらせることはできないのだろうか。

携帯はマメに見ているが、まだ付き合ってもいない人と永遠にＬＩＮＥのやり取りを続けるほど暇ではない。返信をするのがさらに億劫になり、翌朝会社に着いてから大丈夫です、とだけ返信を打った。

食事に行くのも少し面倒だな……そう思っていると、その日のお昼過ぎに携帯の画面上に、直也さんからのＬＩＮＥが表示された。

〝再来週金曜日、20時から広尾の『ア・ニュ ルトゥルヴェ・ヴー』で。田中で予約したよ！〟

広尾の『ア・ニュ ルトゥルヴェ・ヴー』は行きたかったお店だ。これは返信を打つべき理由がある。すぐに開封し、返信を打つ。

〝ありがとうございます♪　楽しみにしてまーす〟

周りの友達からデートの鉄板、としてよく名が挙がってきていた『ア・ニュ ルトゥルヴェ・ヴー』だが、実は未訪問で、一度行きたいとかねてから思っていたお店だった。

噂通りの、素材本来の美味しさが活かされているお料理と、そのうまみをさらに際立たせてくれる美味しいワイン。確かに、デートにぴったりだ。

そんなことを思いながら食事をしていたが、直也さんは食事中も常に質問形で話しかけてきた。

「里奈ちゃん来たことあった？」

「どう、お料理？　美味しい？」

「このワインで、良かったかな？」

きっと、直也さんは優しい人なのだろう。そしてすごく気を使ってくれる人なんだと思う。

しかしＬＩＮＥでもそうだったが、質問ばかりだと疲れてしまう。お互い気を使わず、自然に会話できる人がいい。

女性とはワガママな生き物で、追いかけてほしいけれども、追われすぎると逃げたくなる。追いかけられながらも、追いかけられる人がいい。

「直也さんとのお食事、楽しかったな〜。またグルメツアーしましょうね」

直也さんの優しさを壊さないよう、プライドを傷つけないように、帰り際に当たり障りのない褒め方をして解散した。

そして、タクシーに乗った瞬間に素早くお礼のＬＩＮＥを送った。

〝こちらこそ、ありがとう！　またご飯行きましょう〟

またすぐに返ってきたＬＩＮＥを読み、携帯の画面から目を離す。

これで、もう私と直也さんとのやり取りは終了だ。

解散後、すぐにお礼のＬＩＮＥを打ったのは、翌日に持ち越したくなかったから。**（2）**

すごく好きな相手に対して、ここまで積極的にはなれないのが女というもの。

本当に気になる人だったら、お礼のＬＩＮＥはもう少し時間を空けてから、もしくは翌日にする。

しかし何も気づいていない彼から、また誘いのＬＩＮＥが来た。

〝来週木曜日、ご飯行かない？〟

既読スルーしていると、また連絡が来た。

〝何度もごめんね！　携帯の調子、悪いのかな？〟

携帯の調子は、悪くない。

忙しすぎて携帯が見られないわけでも、ない。

気分によって既読にするメッセージもあるけれど、一度返信するとまたダラダラと会話が続きそうで、返信はしないようにしている。（**3**）

POINT

Q1 携帯は見ているはずなのに、既読が数時間後なのはなぜ？
A1 その質問、一回にまとめられませんか？　という気持ちの表れ
Q2 すぐに来るお礼ＬＩＮＥ。これは脈アリ？
A2 すぐにお礼ＬＩＮＥを送るのは、翌日に持ち越したくないだけ

答えあわせ

里奈ちゃん、今度ご飯行かない？
既読 14:19

いいですね
14:39

いつ空いてる？
既読 14:40

そうですね…
再来週の水曜か金曜とか？
15:13

じゃあ金曜日にしよう！
場所はどこがいいかな？
既読 15:15

おまかせしますが、
六本木か広尾界隈だと
嬉しいな
20:42

了解！そしたらお店、探して予約しとくね。時間は20時でいい？
既読 20:43

大丈夫です！
10:23

1
質問ばかりでしかも即レス。ちょっと重荷。一回で質問を終わらせられないの？

デート後

2
お礼メールをすぐ送ったのは、翌日に持ち越したくないから。

今日はありがとうございました
23:06

こちらこそ、ありがとう！
またご飯行きましょう
既読 23:11

来週木曜日、ご飯行かない？
既読 23:15

何度もごめんね！
携帯の調子、悪いのかな？
12:03

3
一度返信したら、またダラダラやり取りが続きそう。だから返信しません。

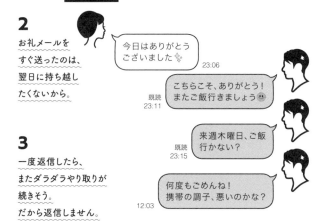

Case3

Haruka ▼ Naoya

「仕事が忙しくて予定が分からない」を鵜呑みにする女

直也君と出会ったのは、知人が開催した食事会の席だった。

少し遅れて到着した直也君を見て〝この人を嫌いな女性はいないだろうな〟とすぐに感じた。背が高く、色白で塩顔。以前は外資系投資銀行勤務で、現在は独立して自分で事業を行っている、とだけ事前情報を得ていた。しかし、想像以上に素敵な直也君を見て、慌ててグロスを塗り直した自分がいた。

もうすぐ28歳、悠長に〝愛がすべて〟なんて言ってられない。結婚を視野に入れるならば、相手のスペックを重視するのは、何も私に限った話ではないと思う。

「春香ちゃんはCAなんだ。どこ飛んでるの？　今度ニューヨークへ出張なんだけど、どこか良い店知ってる？」

積極的に、私にだけ話しかけてきてくれる直也君を見て、これは何のサインだろう？と、心の中で期待する。

「LINE交換しようよ」

話は盛り上がり、グループLINEを作成する前から個別でLINEを交換する。

正直に言うと、私は顔も中の上レベルではあると思うし、スタイルだって悪くない。さりげなく座り直して、直也君との距離を縮めた。

帰宅し、携帯を見てみると直也君からすぐにお礼LINEが入っていた。なんてマメな人なのだろうか。

〝予定見て、また連絡するねー〟

嬉しくて、この日は心地よい眠りについた。


それから一週間くらい経っても、〝また連絡する〟と言ったきり、直也君から特に連絡は来なかった。

そうは言ってもこちらからLINEを送るキッカケもなく、時間は無情にも過ぎていく。

女性のほうから「元気?」と送るのも何か変だし、ガツガツしているように見られたくない。

しかしそのタイミングでちょうどフライトがニューヨーク便になり、現地のホテルから直也君にLINEを送ってみた。

〝今NYにいます! 直也君、いつからNYだっけ?〟

〝お! いいね! 俺は来週からだよ。日程、かぶってないかな?〟

〝来週は飛んでないなあ帰ったら、また日本でご飯食べよう♪〟

〝そうだね！　今月はちょっと忙しいから、また来月に！〟

――そっか、今月は忙しいのか……。

確かに、今月はニューヨークへ行き、そのままシカゴへ行くと言っていた。

もう一度ご飯に行きたい（誘ってもらいたい）気持ちはあるけれど、忙しいなら仕方ない。しかも出張で国内にいないならば、なおさらだ。

それからしばらくして、直也君がニューヨークへ行ったときに、向こうからＬＩＮＥが送られてきた。

〝ＮＹ着！　タイミング合えばこっちでご飯でもできたのにね～残念！〟

出張先や旅先から送られてくるＬＩＮＥ。これを嫌いな女子はいない。気にかけてくれていることが分かり、自分だけが特別な存在でいるように感じるからだ。

直也君が、ニューヨークからわざわざ送ってきてくれたＬＩＮＥに、心が躍る。

さらに会いたい気持ちは募るが、向こうが〝今月忙しい〟と言っていたので、私のほうからは頻繁に連絡をしないよう心がけていた。

「男性が忙しいときに、〝会いたい〟と言う女はモテない」と何かの恋愛バイブル本で読んだことがある。

だから来月まで待とう。そう決めていた。

しかし、直也君と再会する機会は予想より早くやってきた。

最初に直也君と出会ったときに会を開催した幹事の、〝夏らしいことをしたい〟という提案により、同じメンバーでＢＢＱが開催される運びとなったのだ。

このとき、私はちょっと引っかかった。

――なんだ、日本にいるんだ……。

しかし本当に忙しかったようで、この日も直也君は遅れて登場し、男友達に「忙しくて、全然参加できていなくてごめん」などと謝罪をしていた。

仕事を頑張っている男性は、素敵だ。だから、女性はそれを邪魔してはいけない。そう思い、にこやかに直也君に手を振った。


『アークヒルズ サウスタワー ルーフトップラウンジ』は大人のＢＢＱという言葉がピッタリで、日中の蒸し暑さが残りながらも夜風が心地よいルーフトップで、ＢＢＱが楽しめる空間だ。

男性陣が張り切ってお肉を焼いてくれている間に、女性陣はいそいそとお手伝いをしている。

「春香ちゃん、結局食事行けてないよね……。ちょっとバタバタしてて」

肉を焼いた後、直也君がビールを片手に、隣に座ってきた。

「全然。直也君が今月忙しいことは知ってたから、気にしないで。むしろ今日時間があって良かったね！」

夏の夜は、何とも言えない不思議な解放感がある。冷めない熱気とお祭り気分が入り乱れ、皆陽気になれる。

「そうなんだよね……でも、今日会えて良かったよ。また今度、ゆっくりご飯でも行こうね」

さっきまで空をピンク色に染めていた太陽はいつの間にか身を潜め、アークヒルズのルーフトップからは、東京の綺麗な夜景が輝いて見えた。


再会を果たした翌日、出会った日から、もう月をまたいでいることに気がついた。直也君が〝来月に！〟と言っていたことを思い出し、LINEを送ってみる。

〝直也君、昨日は会えて嬉しかった～！　もうすぐ7月だけど、予定どんな感じかな😃??✨〟

〝ごめん、今月は今月で忙しくて……急な出張が入っちゃったんだ💔タイミング合わなくてごめんね💔〟

そしてこの後も直也君はさらに仕事が忙しくなったようで、毎回タイミングが合わぬまま。

何度聞いても、〝ごめん、仕事が忙しくて〟と返信が来るばかり。

しかし、毎回本当に申し訳なさそうに〝ごめん〟と言ってくるので断られているわけではなさそうだ。

会ったときに何か粗相をしたわけでもなく、むしろご飯にも誘われている。私が追いかけすぎているわけでもない。

永遠にできぬ食事の約束。ふぅっとため息をついて、空を見上げた。

Naoya ▼ Haruka

「忙しくて予定が分からない」は、決定打に欠く女への常套句

春香との出会いは、元同期の翔太から声をかけられた食事会だった。

女性陣はCAだと聞き、実はあまり気乗りしていなかったのだが、行ってみると想像以上に楽しく、すぐに盛り上がった。

春香は少し大人しそうな子だったが、立ち上がった際に真っ直ぐ伸びた綺麗な脚に思わず目が奪われる。

男だったら、外見に惑わされるのは仕方ないこと。

最初は何とも思っていなかったのに、急に前のめりになった自分がいた。

「春香ちゃんはＣＡなんだ？　どこ飛んでるの？　今度ニューヨークへ出張なんだけど、どこか良い店知ってる？」

ニューヨークは出張で頻繁に行っているため、店は結構知っている。しかし会話の糸口となるならば、無知なフリなんて喜んでする。

春香は愛想よく答えてくれつつ、話しながら自然と脚を自分のほうへ寄せてきた。

――ちょっと男慣れしてるな……。

そう思いながらも、喜んでしまうのが男の悲しい性《さが》である。その流れでＬＩＮＥを交換し、解散してからすぐに春香にＬＩＮＥを送る。

〝今日はありがとう！　ニューヨーク情報も、ありがとう。また飲もう～🍺〟

〝こちらこそ、今日はありがとうございました✨✨とっても楽しかったです！　また飲みましょう😊🖤〟

絵文字が多すぎるＬＩＮＥに、少しだけ面倒な印象を受けた自分がいた。

そのまま一週間くらいが過ぎたとき、春香からＬＩＮＥが入った。

〝今ＮＹにいます！　直也君、いつからＮＹだっけ？〟

そういえば、前の食事会の際にニューヨーク便のフライト担当だと言っていたことを思い出す。

〝お！　いいね！　俺は来週からだよ。日程、かぶってないかな？〟

〝来週は飛んでないなあ😭💧帰ったら、また日本でご飯食べよう♪〟

31歳、男の毎日は忙しい。

仕事も忙しいうえ、特に夜は予定がすぐにいっぱいになる。会食に加え、週に数回のトレーニング、取引先によっては海外の時間に合わせてＳｋｙｐｅミーティングを深夜に行うときもある。だからこそ、日程を決め込んで食事デートへ行く女性は、自分なりに厳しめのフィルターをかけていた。

春香は確かに綺麗だし、良い子かもしれない（脚も綺麗だ）。でもわざわざ予定をＦＩＸしてご飯に誘いたいかと言われれば、よく分からない。

何か決定打に欠けている。

しかし完全に断るのは惜しいうえ、この先何かあるかもしれない。女性の誘いに対して、ストレートにＮＯと言うのも失礼な話だ。向こうが傷ついたら申し訳ない。

だからこそ、こんなときに毎回使用する一文を春香に送った。

〝そうだね！　今月はちょっと忙しいから、また来月に！〟

誰も傷つけず、嫌な思いもしない。やんわりと断っているだけで、完全否定はしていな

い。春香のようなタイプの女性には、よく送る一文だった。（1）

それから実際に忙しくなり、しばらく海外を飛び回る生活が続いた。

ニューヨークへ行った際、時間ができたので春香が教えてくれたバーを思い出し、訪ねてみた。

一人で行ってみると想像以上に良い店で、春香にお礼を兼ねてＬＩＮＥを送る。（2）

一人のバーは嫌いではないが、隣に誰かいてくれたほうがさらに酒はうまく感じられるもの。春香とタイミングが合えばこっちで〝飲み相手〟が見つけられたのに。

そう思いながら、グイッとウィスキーを飲み干した。


帰国してから慌ただしくしていると、友人の翔太からＢＢＱの誘いが来た。メンバーは、春香と最初に会ったときの顔ぶれだ。

その日の夜は空いていたし、大勢で飲むのは嫌いじゃない。すぐに行くと返事をした。

『アークヒルズ サウスタワー ルーフトップラウンジ』は初めて来たが、夏の夜の宴には最適な場所だった。開放感があり、男女大人数のグループで楽しむにはちょうどいい。

到着した途端、春香が目に入った。

誘うと言いながら誘っていない気まずさもあり、すかさずフォローに回る。

「春香ちゃん、結局食事行けてないよね……。ちょっとバタバタしてて」

「直也君が今月忙しいのは知ってたから、気にしないで。むしろ、今日時間があって良かったね！」

春香の性格の良さに救われる。春香は本当に良い子だし、綺麗だ。

けれどもやはり、何かあと一歩惜しい。その思いが拭いきれぬまま、お開きとなった。

その夜春香からは何の連絡もなかったが、翌日来たＬＩＮＥを見て、思わず固まってしまった。

〝直也君、昨日は会えて嬉しかった～！ もうすぐ7月だけど、予定どんな感じかな😃??✨〟

先月、忙しいからまた〝来月に〟と言った際の〝来月〟は、具体的な日程を示すものではない。ある種の社交辞令である。

実際に月がまたいだところで状況は変わらない。

何と送るか迷いながらも、謝りながらまた同じような文面を送る。

妙な期待をもたせた自分が悪いのか、仕事を理由に何度断っても気づかぬ春香が悪いのか……。
（3）
とりあえず春香から予定を聞かれるたびに仕事を理由に断り、そして謝るしかなかった。

〝そろそろ気がついてほしいな〟と思いながら携帯の画面を見つめていると、新たなメッセージが入る。

先日会ってから気になっている、香里奈からの返信だった。どうしても二人で会いたくて、彼女を誘っていたのだ。

〝うーん、明日の夜だったら大丈夫かも〟

〝本当？　そしたら会いに行くよ！　時間作る！　どこで飲んでる？　近くまで行くね〟

男は、単純だ。

好きな女のためなら、何としてでも時間は作る。

たとえそれがどんなに忙しかろうとも。

POINT

Q1　「また飲もう」と言われたとき。〝また〟っていつですか？
A1　「また飲もう」は社交辞令。予定をFIXしたいわけではない
Q2　「急な出張が入っちゃった」。いい女ならば何と返信すべき？
A2　急な出張が入った男を追わぬが花。好きならば男のほうから飛んでくる

答えあわせ

今NYにいます！
直也君、いつからNYだっけ？
既読 4:05

既読 4:08

お！いいね！俺は来週からだよ。日程、かぶってないかな？
4:09

来週は飛んでないなあ
帰ったら、また日本でご飯食べよう♪
既読 4:10

そうだね！今月はちょっと忙しいから、また来月に！
4:11

1
決定打に欠けるけど、完全に断るのは惜しい。そういうときには「また」を使う。

NY着！タイミング合えばこっちでご飯でもできたのにね～残念！
10:28

2
“飲み相手”がいればいいな～くらいのノリ。他意はない。

本当だね。また別の機会に
既読 10:29

BBQ後

直也君、昨日は会えて嬉しかった～！もうすぐ7月だけど、予定どんな感じかな??
既読 18:31

ごめん、今月は今月で忙しくて…急な出張が入っちゃったんだ
タイミング合わなくてごめんね
18:33

3
「また来月に」は社交辞令なのに、翌月になるや否や連絡してくるなんて。とりあえず断って謝るしかないか……。

Case 4

Takumi ▼ Natsumi

二対二での食事後、個別で仲良くしたいとき。その一文が落とし穴

夏美との出会いは、仕事だった。

広告代理店に勤める僕はＳＮＳ周りの仕事をしており、流行りの〝インフルエンサー〟事業に携わっている。クライアントから「インスタグラマーを用意しろ」と要求があり、そのときに呼んだうちの一人に、夏美がいた。

透き通るような肌に、ぱっちり二重。タレントとしても通用しそうなその外見に、仕事といえども気になって仕方がなかったことは言うまでもないだろう。

「拓巳さん、今日はありがとうございました。また何かあれば、ぜひお願いします♡」

仕事後に挨拶に来た夏美が、ごく当たり前のことかのようにＬＩＮＥのＩＤを聞いてきた。次に何かあったときに仕事がほしいだけだとは思うが、ＬＩＮＥを交換できたことに少し心が躍る。そしてその日の夕方に来たＬＩＮＥを見て、さらに僕のテンションは上がった。


〝今日はありがとうございました😊✨いつでも、連絡ください♬〟

――いつでも、連絡ください!?

純粋に仕事だけの関係だったら、そんな文面送らないだろう。〝仕事があれば、いつでも連絡ください〟となるはずだ。

社交辞令だとしても、これは嬉しい。思い切って、食事に誘ってみよう。

しかし最初から一人で誘うのもはばかられる。向こうの気持ちも分からないし、誰か誘ったほうがいいのではないだろうか。そう思い、次の文面を送った。

〝今度、僕の友達とみんなで食事に行かない?〟

〝いいですね! 是非ぜひ😊〟

なかなか順調に物事は進んでいる。何が功を奏したのか分からないけれど、夏美が食事に乗り気なことは見て取れる。

〝楽しみにしてるね。何系がいい? こちらで場所決めていいかな?〟

店のことを聞くついでに、誘おうと考えていた元同期・健太のことも伝えておこう。

〝ちなみに、友達は元同期なんだけど今は独立していて、経営者。年収5000万くらいで、本当にいい男だよ(笑)〟

健太は元同期だが、数年前に会社を辞めて今や大社長だ。広告デザインの事業を成功させ、メディアにもたびたび登場している。

甘いマスクに高身長。しかもその年収となれば、一緒に飲んで嫌がる女性はいない。自分一人では戦力不足かもしれないが、健太と二人ならば無敵だ。きっと夏美も、夏美の友達も喜んでくれるだろう。

そう思いながら送ったＬＩＮＥをしばらく眺める。しかし二通とも既読にはすぐなったのに、返信が来ない。

さっきまでスムーズに続いていたのが嘘のように、夏美からの返信が一気にペースダウンした。

――何か、間違った文面を送ってしまったのだろうか……。

夏美から返信が来たのは、二日後だった。

“返信遅くなってすみません友達のスケジュール確認してて来週金曜日にしましょう”

なんだ、スケジュールを確認していただけか。ほっと胸を撫で下ろし、張り切って店探しを始めた。

夏の一日は長いようで短い。夏美たちと約束をした金曜は、あっという間にやってきた。連日うだるような暑さが続いているが、待ち合わせ当日も例外なく暑く、朝から体が火照っていた。

「待ち合わせの前に、一杯飲んでから行かないか」、と夕方頃健太から誘いが入り、六本木ヒルズ一階に入るバー『ＴＵＳＫ』で一杯ビールをひっかけることになった。

「今日来る子、結構お気に入りで。可愛いんだよ」

乾いた喉にビールがすっと染み込んでいく。

昔から、真夏にビールを飲むたびに、空っぽな体に生命力がみなぎっていくのを感じるのは僕だけなのだろうか。

「拓巳がそんなこと言うの、珍しいね。よっぽどお気に入りの子なんだ？　分かったよ、今日俺はアシスト役に回るから」

男から見てもイケメンの部類に入る健太は、今日も無駄に爽やかだ。この暑苦しい外気のなか、健太だけ涼しい顔をしている。

しかし健太は体育会系で妙に律儀なところがあり、友達の女には絶対手を出さない。連絡先すら交換しないことを、付き合いの長い俺は知っていた。

「健太サンキュ。お前はやっぱりいい男だな」

「やめろよ、気持ち悪いな」

グラスに残ったビールの泡を飲み干し、食事の店へと向かった。

今宵は、西麻布交差点からほど近い『葡呑《ぶのん》』を予約した。

古民家の引き戸を開けると広がる、日本家屋の趣を残したままの店内。こじんまりとした小さな店だが、酒もツマミもうまく、いつ来ても満席の店だ。

「西麻布に、こんなお店があったんだね！　素敵だなぁ〜」

店内に入った瞬間からテンションが上がる夏美を見て、店選びは正解だったと確信する。

夏美が連れてきた友達の春香も同じく綺麗な子で、僕ら二人は美女に囲まれてご機嫌だった。

「夏美ちゃんは夏生まれで、春香ちゃんは春生まれでしょ？」

きっと何百回も聞かれているんだろうなぁと思いつつ、定番の名前絡みの質問から会を始める。

「こいつ、健太。会社の元同期なんだけど、優秀だからすぐに辞めちゃって。今は中目黒に事務所を構えて、デザイン関連の仕事してるんだよ」

そう言いながら、過去に健太がデザインしたロゴやパッケージを携帯で見せる。

そのたびに、女子二人は〝知ってる！〟〝見たことある〟など黄色い歓声を上げていた。

「拓巳さんは、クリエイティブ系の仕事もされるんですか？」

夏美が笑顔で聞いてくる。僕は営業だ。

「いや、僕はただの営業だよ。健太みたいに、5000万も稼げないよ〜（笑）」

冗談で言ったつもりだったが、夏美も春香も予想外に良い子だった。

「年収とか関係ないですよ！　自分の仕事に情熱をもっていれば最高です」

なんて、嬉しいことを言ってくれた。そして夏美がお手洗いに立った隙に、春香が耳打ちしてくれた一言で、僕はさらに顔がほころんだ。

「夏美、拓巳さんのこと結構タイプみたいですよ。頑張ってくださいね」

夜もすっかり更け、会も盛り上がった頃合いで解散となった。健太が春香を送っていくと言うので、僕は自然なかたちで夏美を送る。

「結構タイプらしい」という春香の一言がずっと胸の中にこだましていた。これは千載一遇のチャンスなのだろうか。

「夏美ちゃん、またご飯行かない？　俺の周り、結構いい奴が多いんだけど、みんな独身で」

本当は二人で行かないかと聞きたかったが、まだ二回目だ。言い訳のように男友達を付け加える。

「もちろん。でも拓巳さんの誘い方って、面白いですよね」

面白い？　面白いことを言った記憶はないが、夏美が上機嫌だったのでそれでよしとしよう。

夏美はにこやかにタクシーを降りていった。

その後、何度かお互いの友達を誘って食事には行った。しかし〝タイプだった〟はずの僕なのに、永遠に夏美と二人で食事に行く機会は巡ってこない。

――何が〝面白い〟誘い方だったのだろうか……。

最初の一歩で、何かにつまずいたことだけは明らかだった。

Natsumi ▼ Takumi

「またみんなでご飯に行きましょう^_^」が意味する、女の打算

拓巳さんと知り合ったのは、Ｉｎｓｔａｇｒａｍ絡みの仕事だった。

大手広告代理店勤務で、遊んでいそうな人かと思いきや、腰が低くて真面目。そんなギャップに惹かれ、仕事が終わった後すかさず歩み寄った。

「拓巳さん、今日はありがとうございました。また何かあれば、ぜひお願いします♡」

〝また何かあれば〟、にはもちろん仕事の意味も含まれている（代理店の人に媚を売って、損することはない）。

でも、それだけじゃなかった。純粋に、仕事の枠を越えて仲良くなりたいと思ったから。

すんなりＬＩＮＥ交換を終え、帰り道ですぐにＬＩＮＥを送った。

——何て返ってくるかな……。

広告代理店勤務の29歳。脂がのっていて、勢いがある年齢だ。どんな返信が来るのか楽しみにしていると、至ってシンプルで、かつ女性から見て合格をあげたくなる返信が来た。

〝今度、僕の友達とみんなで食事に行かない？〟

控えめながらもきちんと誘う。いいじゃない、と心の中で頷く。

しばらく、拓巳さんとのＬＩＮＥは何の滞りもなく続いていた。よくある、ありふれた男女のＬＩＮＥのやり取り。適度に遊びなれていて、適度に真面目。良い塩梅《あんばい》だ。

しかし次の文面で、拓巳さんの評価はＡプラスからＦマイナスへと急変した。

〝ちなみに、友達は元同期なんだけど今は独立していて、経営者。年収５０００万くらいで、本当にいい男だよ（笑）〟

……は？

拓巳さんからすると、私は男性を年収で判断するような女に見えたのだろうか？（１）

男性を見るときに、職業や年収で篩《ふるい》にかけないと言えば嘘になる。ある程度の生活力と経済力は必要だ。でも、年収が何千万円もないと嫌など言わないし、年収が高いからその人のことを好きになる、ということは断じてない。

何とも説明しがたい、嫌な気分が私を覆う。

食事に誘おうと思っていた友人の春香に、そのままストレートにＬＩＮＥを送った（女はスクショで情報共有する）。

〝うわ、最低😆笑　でもこれ、断らないよね？　連れてきてくれる人に興味あるから、決行してね❤〟

面倒だから断ろうと思っていたが、春香がここまで言うなら仕方ない。食事会を決行するしかなさそうだ。**（2）**

しかし乗り気ではない気持ちは、ＬＩＮＥの返信スピードに素直に反映されてしまう。

結局、数日後に拓巳さんに返信を送った。

たまに友人のスペックを事細かく説明する男性がいるが、そこまで話す必要はない。

――拓巳さんのこと、気になっていたのに残念だな……。

でも、ＬＩＮＥの誘い方が下手なだけで、会えば違うかもしれない。そんな可能性の低い、淡い期待を抱きながら、拓巳さんが予約してくれた『葡呑』へ向かった。

西麻布交差点から徒歩数分のところにある『葡呑』は、古民家を改装した造りが面白く、日本家屋の温もりに包まれている店だった。

決して華美ではないが愛情のこもった一品一品は、どこか心が温まるような味がする。

ワインとの相性も抜群だ。西麻布に、こんなお店があるなんて知らなかった。

「さすが拓巳さん、良いお店知ってますね」

褒めると、少し照れくさそうに下を向いて拓巳さんが笑う。すでに男性陣二人は一杯飲んできたらしく、二人とも上機嫌だった。

「こいつ、健太」

拓巳さんが連れてきた健太さんは確かに端正な顔立ちをしており、背が高く爽やか。そして経営者。

「あれは、モテるね」

春香が小声でささやく。〝うんうん〟と大きく頷くものの、健太さんには心が動かない自分がいる。モテる男性のみが放つことのできる、独特のオーラ。自分のことが大好きでないと手に入れられぬその気迫が、実は苦手なのだ。

どちらかというと拓巳さんのような、人の心を優しく包んでくれる柔らかい雰囲気を醸し出す人のほうが好きだった。

「夏美です」「春香です」

二人セットだと必ず言われる、生まれた季節の話が済み、男性陣の番になる。しかしここでも、拓巳さんは人のことから話し始めた。

「健太は会社の元同期なんだけど、優秀だからすぐに辞めちゃって。今は中目黒に事務所を構えて、デザイン関連の仕事してるんだよ」

そしておもむろに携帯を取り出し、健太さんがデザインしたというロゴやパッケージを見せ始めた。

――LINEのときの違和感は、やはり拭えない。

人が良すぎるのか自分に自信がないのか分からないが、人の話ばかりする男性は好きではない。自分自身に楽しいネタがあり、確固たる自信がある人は一緒にいて面白い。

「拓巳さんは、クリエイティブ系の仕事もされるんですか?」

健太さんの話は分かったから、拓巳さんの話が聞きたい。そう思って質問を振ったのに、返ってきた答えはまたこんな感じ。

「いや、僕はただの営業だよ。健太みたいに、5000万も稼げないよ~(笑)」

無駄な自信はいらないが、謙虚すぎるのもどうなのだろうか。「自分を愛せないと人を愛せない」、と何かの本で読んだことを思い出す。

拓巳さんが友達思いなのは十分分かったし、優しいことも分かった。でも、人のことばかり話していて、楽しいのだろうか?

そして年収のことを口に出しすぎるのも気になった。人の年収なんて、どうでもいい。それくらいの器でいてほしいのに。

結局、聞きたかった拓巳さんの話はあまり聞けず、「俺の周り、結構いい奴が多いんだけど、みんな独身で」という言葉だけが印象に残った。

自分で勝負せずに、〝知り合い自慢〟で勝負してくる人はお断り。
そして今日の食事会の話の流れを汲むと、拓巳さんの周囲にはいい男性がたくさんいる。お店に関してもそうだが、良い店ばかりに連れていってくれる人は、完全に〝レストラン要員〟となる。
――拓巳さんみたいな人は〝紹介者要員〟になることを、きっと彼は気がついていないんだろうなぁ……。
いつの間にかターゲットは拓巳さんではなく、拓巳さんの周囲にいるであろう〝素敵な人〟に移っていた。（3）

POINT

Q1 至って普通の文面。それなのに急に彼女のレスが遅くなった理由は？

A1 友達の年収を送ってくるなんて、嫌。年収で男を判断する女に見えますか？

Q2 タイプだと言ってくれたのに、二人で会えないのはなぜ？

A2 人の話ではなく、自分の話で勝負してほしい

答えあわせ

食事会後

今日はありがとうございました。いつでも、連絡ください♬
17:29

今度、僕の友達とみんなで食事に行かない？
既読 19:46

いいですね！是非ぜひ
日程、いつにしましょう？
19:47

来週の水曜か土曜は？
既読 19:48

OKです。友達に聞いてみますね♬
19:49

楽しみにしてるね。何系がいい？こちらで場所決めていいかな？
既読 19:49

ちなみに、友達は元同期なんだけど今は独立していて、経営者。年収5000万くらいで、本当にいい男だよ（笑）
既読 19:50

数日後

返信遅くなってすみません
友達のスケジュール確認してて来週金曜日にしましょう
10:52

食事会後

昨日はありがとうございました。とっても楽しかったです
16:58

こちらこそ、ありがとう！二人とも美人で良い子で、楽しかったです。健太も、喜んでました。
既読 17:26

またご飯行こうね！
既読 17:27

もちろんです♬またみんなで行きましょう^_^
17:28

1
私、男性を年収で判断するような女に見えました？？
はっきり言ってドン引き。
返信する気なくなるわー……。

2
断ろうと思ってたけど、友達が乗り気だから仕方なく返信。

3
「これからはレストラン要員、紹介者要員としてよろしく」の意。

Case 5

Minako

▼

Kenta

男の絵文字なし短文返信。私への気持ち、どこで見抜けばいい？

健太さんと出会ったのは、友人の真由と一緒に飲みに行っているときに、健太さんの後輩が声をかけてきたことがキッカケだった。

「お隣座ってもいいですか？」

「あぁ。いいけど」

素っ気ない返事に、一瞬たじろぐ。

真由とその後輩が良い感じになっており、私の話す相手は必然的に健太さんしかいない。

今まで数々の男性と出会ってきた。しかし、正直に言うと健太さんのような、ちょっとクールなタイプは苦手なジャンルだ。

元々広告代理店に勤めていて今は独立したという健太さんは、身長が高く、印象的な切れ長の目をしていた。仕立ての良いスーツに、綺麗に手入れされた靴。

すべての均整が取れており、そこがまた近寄りがたさを醸し出している。

しかし最初の印象とは裏腹に、会が進むにつれ、実は優しくていい人なのかな？　と思うようになる。

「美奈子ちゃんって、仕事何してるの？」「へぇ。その仕事、楽しいの？」

意外にも、会話をスムーズに運ぼうとしている意志が垣間見られ、一見冷たそうに見えて、繊細で優しい人柄のギャップに、思わずぐっときた。このチャンスを逃してはいけないと思い、翌日に自分からＬＩＮＥを送ってみる。

〝昨日はありがとうございました😊〟

〝おう！　こちらこそ！〟

最初のＬＩＮＥのやり取りは、スムーズだった。

しかしここから、健太さんの心がまったく読み取れないＬＩＮＥのやり取りが続くことになる。


ＬＩＮＥは、その人の性格を丸裸にすると思う。

健太さんとのＬＩＮＥのやり取りも、彼の性格を反映していた。返信は来るけれど、短文ばかり。そして絵文字は、ない。

〝今日もお仕事お疲れさま😊✨まだお仕事中かな？〟

〝仕事だよ！〟

〝そっか、お疲れさま✨お仕事頑張ってね！〟

毎回私が送って、向こうが既読して、ＬＩＮＥの会話が終わる。そのパターンの繰り返し。

読んでいることは確かだし、疑問形で送ると返信は来る。だから嫌われているわけでもない。

まったくの既読スルーとは微妙に違う、50％の既読スルーだった。

〝今夜は、大学時代の友達とご飯だよ♬〟〝暑いからタイ料理にした✨〟

〝いいね！　美味しそう〟

〝健太くんはご飯食べたかな？　暑いから体に気をつけてね〟

ここから、〝美奈子ちゃんは？　仕事頑張ってるかな？〟〝食べたよ！　俺の今日の夕飯も焼肉です〟なんて言葉は一切ない。

――確かに返信をするほどの内容ではないかもしれないけれど、スタンプ一個くらい返してくれればいいのに……。

そう思っていた。

でも付き合ってもいないうちから、それを言葉にするのは、はばかられる。

――男は、気になる女性にしか返信をしない。

なんて文章を、どこかで読んだ記憶が蘇る。健太さんから返信が来る限り、こちらに気がないわけではなさそうだ。

そんな素っ気ないＬＩＮＥが続くなか、予想外にも健太さんのほうから誘いのＬＩＮＥが入った。

〝お疲れ！　来週土曜の夜、空いてる？　ご飯でも行かない？〟

メッセージを開封したとき、嬉しくて、思わず一人で顔がほころぶ。まさかの食事の誘いときた。答えは、もちろんＹＥＳに決まっている。

しかし、それと同時に混乱する。素っ気ない返信に、既読にして終わりのＬＩＮＥ。すっかり脈なしかと思っていたから。

――私のこと、好きなの？　嫌いなの？　どっち？

謎はさらに深まるばかりだった。

約束の日の夕方、健太さんからＬＩＮＥが入った。場所は、最近知人から噂を聞いており、行ってみたかった西麻布の隠れ家的鮨屋『鮨十』だった。

さすが健太さんだ。職業柄なのか、良い店を選んできてくれた。より一層気合を入れ、念入りに、しかしごく自然に見えるようファンデーションを重ね、ハイライトで華やかさを演出する。

西麻布交差点からほど近いのに、喧騒とは懸け離れた店内の扉を開けると、すでに健太さんはカウンター席に座っていた。

「お待たせしてすみません」

「全然。俺も今来たところだから」

相変わらず淡々と話す健太さんだが、以前のような壁は感じない。

LINEのやり取りをしばらく続けていたおかげで、会っていないのに、まるでずっと会話していたような気がするのだ。

近そうで遠い、微妙な距離感に緊張しながらも、食事は進む。

「ここ、最近屋号が変わって。まだそこまで予約困難じゃないけれど、取れなくなるのも時間の問題だと思うんだよね」

「健太さんって本当にグルメですね」

「そうかな？　食べることが好きなんだよ。だから女性も、美奈子ちゃんみたいにご飯を美味しそうに食べる人が好きで」

そんなことを話しながら、日本酒も進み、気がついた頃には、すっかりほろ酔いになってしまった。

「健太さんって、彼女いるんですか？」

「今いないよ。美奈子ちゃんは？　彼氏いそうだよね」

「まさか！　健太さんのタイプは？」

恋人になる前の男女が繰り広げる、お決まりの会話。少しだけお酒の力を借りて、健太さんとの距離感はどんどん縮まる。

しかし、事態は予想外の方向へと動いた。

お会計が済み、外に出ると西麻布の交差点方面から表参道へ抜けるタクシーが何台か通過している。

「この後、どこ行く?」

そう言いながら健太さんはサッと手を挙げ、一台のタクシーを止めた。当然、このまま二人で二軒目に移動するのかと思っていた。

しかしドアが開くと、

「先に乗っていいよ。俺、夜風にあたりながら歩いて帰るから」

それだけ言い残し、にこやかにタクシーに乗るよう勧めてきた。想像していなかった事態に、戸惑いが隠せない。

〝次どこ行く?〟と聞かれたら、当然のごとく〝二人で〟どこへ行く? かと思っていた。

「あ、ありがとう」

精一杯それだけを言ってタクシーに乗り込み、とりあえず表参道駅まで車を走らせる。

一度状況を整理しようと深呼吸を試みるものの、やっぱりダメだ。よく分からない。

タクシーが根津美術館のそばを走り抜けたあたりで、携帯が振動した。

〝今日は楽しかった。またご飯行こう！〟

健太さんからのＬＩＮＥを見て、さらに困惑する。楽しくなかったならば、〝また〟ご飯に行こう！　なんて言ってこないはずだ。

ＬＩＮＥは、来る。食事にも誘われた。

しかしまったく彼の気持ちが読めないし、摑めない。

一向に解答を導き出せない難題に、携帯を握り締めながら、流れ行く街並みをぼぉっと見つめることしかできなかった。

Kenta
▼
Minako

返信が素っ気なさすぎる男。完全に既読スルーにはしない、その魂胆は？

後輩が勝手に、飲んでいる店で声をかけた相手が、美奈子の友達だった。

後輩は美奈子の友人のほうに気があったようで、必然的に自分の話す相手は美奈子となる。

「美奈子ちゃんは、何の仕事してるの？」

「一般的な事務職です。いわゆる、にゃんにゃんＯＬですよ（笑）」

細い手足に可愛らしい顔。揺れるピアスにふんわりとした雰囲気。

東京のＯＬの模範生のような美奈子だったが、その可憐《かれん》な雰囲気が妙に気になり、少し前のめりに話をしている自分がいた。

「健太さんって、意外に優しいんですね」

意外、とは失礼な物言いだと思ったが、一見冷たそうに見える顔つきのせいか、女性からよく言われるセリフだった。

「俺、意外にいい奴だから（笑）」

初対面だったにもかかわらず、美奈子の優しい雰囲気のおかげなのか、妙にリラックスして話していることに気がつく。

純粋に、良い子だな、と思った。

翌日、早速美奈子から連絡が来た。

〝昨日はありがとうございました😊〟

出会いが少ないわけではない。こんな感じのＬＩＮＥ、一体何度繰り返すのだろうか。

そう思いながらも、美奈子に対してきちんと返信している自分がいた。

そこから、美奈子は何度かＬＩＮＥをくれた。

〝今日もお仕事お疲れさま✨まだお仕事中かな？〟

時間を見ると、まだ夕方の17時だ。仕事をしているに決まっている。

「呑気でいいな……」

そう思いながらも、素早く返信を打つ。

〝仕事だよ！〟

〝そっか、お疲れさま✨お仕事頑張ってね！〟

心の中で、〝ハイ、頑張ってます〟と呟《つぶや》き、携帯から目を離す。

最近、仕事が忙しい。無駄な会話に付き合っている暇はないし、基本的に自分の中で〝既読にする〟というのは、〝読んだ〟というサインだ。

そのサインが伝わっているのかどうかは知らないが、もし本当にどうでもいい相手ならばしばらく放置してから既読にする。もしくは、返信はしない。

返信をする限り、相手にしている証拠である。

ただ、返信しようがないものに対しては返信しない。ダラダラと会話を続け、無駄な時間をＬＩＮＥに費やすのは嫌いだから。

こんな感じで、美奈子とのＬＩＮＥは既読スルーではないが、毎回こっちが既読にして終わるパターンが多かった。(1)

大学時代の友達と食事に行ったと言われても、〝そうなんだ〟とか以外に返信が思い浮かばない。忙しいなか、それ以上の会話に膨らましようがない。

美奈子の会話は、基本的に中身のないものばかりだった。

もちろん、可愛い子から連絡が来るのは嬉しいし、もらって嫌な気分にはならない。むしろ微笑ましく見ているくらいだが、返信をするほどの内容でもない。

だから適当に相槌を打ちながらも、向こうからのＬＩＮＥに対して返信を打たなくてもよさそうなものはそのままにしていた。

しかし、決して好意がないわけではなかった。だから美奈子を二人での食事に誘った。

〝もちろん空いてます！　ぜひ😊✨〟

好意がない女性を、デートになんて誘わない。

本当に楽しみにしてくれているんだろうなぁ、ということが伝わってきて、思わず笑ってしまった。

美奈子とのデートは、最近好きでよく通っている、西麻布にある鮨屋『鮨十』にした。

繊細な握りは、一度食すとつい通いたくなる。そんな握りはもちろんのこと、つまみもすべてうまい店だ。美奈子も気に入るに違いないだろう。

「さすが、健太さんって本当にグルメですね」

「そうかな？　食べることが好きなんだよ。だから女性も、美奈子ちゃんみたいにご飯を美味しそうに食べる人が好きで」

そんな何気ない会話から、いつの間にか典型的な、恋人未満（でもその先進みそう）な男女が紡ぎ出す会話になっていく。

「健太さんって、彼女いるんですか？」

「今いないよ。美奈子ちゃんは？　彼氏いそうだよね」

「まさか！　健太さんのタイプは？」

こんな会話をしているうちに、ふと気がついたことがあった。

——あれ、俺全然身が入っていないな。

ＬＩＮＥにしても会話にしても、本気で惚れた女に対しては、グイグイ自分から行く。積極的に質問もするし、少しでも長く話したいから、一生懸命頑張る。

しかしどうだろうか。

美奈子からＬＩＮＥが来たら嬉しいし返信はするけれども、自分から質問はしない。また食事に誘うけれど、この後すぐの急展開など求めていない。

妥協という文字が咄嗟《とっさ》に頭に浮かぶ。

一緒にご飯へ行き、ライトにLINEを送り合う関係ならばいいかもしれない。しかしそこに、体の奥から湧きあがってくるような真っ赤に燃える情熱はない。

男は分かりやすいから、惚れた女には全力で尽くすし頑張る。しかし美奈子のことを、今すぐにでも手に入れたいとは思っていない自分に気がついた。

それはLINEの返信に綺麗に反映されている。

既読スルーなどではない。来るもの拒まずだが、積極性に欠け、自分からは行かない。返信も簡単なものばかり。(2)


「この後、どこ行く?」

店を出てタクシーを捕まえたとき、美奈子の表情から、二人でもう一軒行くと思っていたことは簡単に読み取れる。

しかし、一軒目で十分だ。大人になって、ガツガツする体力もなければ、時間もお金ももったいない。

「先に乗っていいよ。俺、夜風にあたりながら歩いて帰るから」

そう言って美奈子だけをタクシーに先に乗せ、見送ることにした。

去り行くタクシーを眺めながら、ふと考える。

美奈子は良い子だし、またこうしてご飯を食べに行きたくなったら行けるような、言い方は悪いが〝キープ〟はしておきたい気持ちもある。
だから一軒目で解散したことに対するフォローの意と、何かあったときのために、次に繋げるための意を込めて、歩き始めてすぐにLINEを送った。

〝今日は楽しかった。またご飯行こう！〟（3）

POINT

Q1 毎回既読になって終わり。既読スルーとは何かが違うけど、この意味は？

A1 「既読にする＝読んだ」というサイン。無駄なやり取りはいらない

Q2 男性が自分のことをどう思っているか。どこで判断すればいい？

A2 LINEの返信が前のめりではない＝可もなく不可もない

答えあわせ

既読 17:10
今日もお仕事お疲れさま
まだお仕事中かな？

1

忙しくて無駄な会話に付き合ってる暇なし。返信しようのないものには返信しない。既読＝"読んだ"というサインだと気づいてほしい。

仕事だよ！ 17:11

既読 17:31
そっか、お疲れさま お仕事頑張ってね！

既読 19:07
今夜は、大学時代の友達とご飯だよ♬

既読 19:07

既読 19:08
暑いからタイ料理にした

2

既読スルーもしないが、自分から積極的に質問もしない。美奈子に対する自分の気持ちがはっきり出ている。

いいね！美味しそう 19:10

既読 19:16
健太くんはご飯食べたかな？
暑いから体に気をつけてね。

デート後

今日は楽しかった。またご飯行こう！ 23:30

3

一軒目で解散したことに対するフォロー。キープしておきたいから、とりあえずフォローしてみた。

Case 6

Ryo

Mayu

好きな女性に嫌われたくない。スタンプで「察して」ほしい男心

「遼君、相談があるの」

真由と最初に仲良くなったキッカケは、彼女の恋愛相談に乗ったことだった。

共通の男友達を介して知り合った真由だが、スラリと背が高く、端正な佇《たたず》まいが印象的な和風美人。

そんな真由から相談を持ちかけられ、急遽《きゅうきょ》シェラトン都ホテルの『ラウンジ バンブー』で、二人で会うことになったのが約一ヶ月前のこと。

「遼君、彼と同じ業界にいるから分かるかなと思って……」

真由の彼氏は大手出版社勤務の編集者で、自分も別の大手出版社で編集に携わっている。

今の彼氏と別れるべきかどうか、というありふれた相談だったが、正直、なぜ自分なのかという疑問があった。

確かに真由の彼と同じ編集者という職業ではあるが、真由自身もウェブマガジンで編集者として働いている。

格段仲が良かったわけではないし、二人で会うのも初めてだった。

しかし一通り話が終わり、解散した後に真由から来たＬＩＮＥを思わず二度見した。


〝今日は忙しいなか相談に乗ってくれてありがとう♥ 遼君のおかげで、気持ちに整理がつきそうです✨〟


「ありがとう♡」の後ろについているハートマークを見て、思わず顔がほころぶ。

真由は近寄りがたいくらいの美人で、ハートマークを簡単に使うようなキャラじゃない。

――もしやこれって、イケるってこと??

わざわざ呼び出されて恋愛相談を受け、しかもハートマーク付きのお礼ＬＩＮＥ。高鳴る胸の鼓動を感じながら、あくまでも自然な返信を試みる。


〝お役に立てたなら何より！ またいつでも相談してね😊✨〟


真由の相談に乗ってから（正確に言うとハートマーク付きのＬＩＮＥが来てから）、妙に真由のことが気になってしまう自分がいた。

彼氏とどうなったのか聞きたいが、ダイレクトに聞くのも気がひける。そうかといってこのまま連絡が来ず、距離が空くのも嫌だ。

――そうだ、こんなときに便利なのが、スタンプだ。

文章にすると聞きにくいことも、スタンプだと躊躇《ちゅうちょ》なく聞ける。また、会話のキッカケとして、スタンプを一つ送るのも悪くない。

二人で会ってからちょうど一週間後、〝彼とどうなった？〟という意味を込めてスタンプを送った。

しばらくしてから、真由から返信が来た。

〝スタンプ可愛い！　彼とは別れたよ！　また今度ご飯行こうよ〟

返信を見て、何と言えばいいのか一瞬考える。〝お疲れ様！〟も何か違うし、〝おめでとう〟でもない。

〝気持ちに整理がついて良かった！〟と表現するためのスタンプを送ろう。

〝女性は別れたときが狙いどき〟なんて巷《ちまた》ではよく言う。ついでに意を決して、ご飯に誘うことにした。

タイミング良く、来週金曜日に予約困難で有名な『鳥しき』の二号店、『鳥かど』の予約が取れている。

〝ちょうど来週金曜に、『鳥かど』の予約が取れてるんだけど、一緒に行かない？✨〟

〝行きたい♥ ありがとう😊〟

またハートマークが送られてきて、再び僕の心が少し跳ねる。

彼とも別れ、自分からデートに誘ってきた真由。最初に二人で会ったときから、すでに真由への気持ちは固まっていたのかもしれない。

金曜日、はやる気持ちを抑えながら、ようやく予約が取れた人気店『鳥かど』で真由を待った。

『鳥かど』は、世界で初めて「焼鳥」でミシュラン一つ星を獲得した『鳥しき』の二号店だ。『鳥しき』も予約が取れないことで有名だが、『鳥かど』も同じく予約困難である。

「遼君、よく予約取れたね。さすが！」

「こっちのお店がオープンしたときからずっと来たくて。ようやく来れたよ」

ここは『鳥しき』と同じく、ストップと言うまで串が出てくるおまかせコースのみ。まずはビールで乾杯し、本題に入ろう。

「そういえば、真由ちゃんって彼氏と別れたばかりだけどほかに好きな人いないの？」

「う～んそうだねぇ。いるような、いないような、かな♡」

潤んだ瞳でこちらを見つめてくる真由を見て、自分の中で確信に変わった。真由は自分に気があるようだ。

「そうなんだ……」

冷静なフリをしながら、カウンターの下で小さくガッツポーズをする。今宵、チャンスは巡ってきそうだ。

「真由ちゃんって」「遼君って」

二人同時に話し出す。思わず、顔を見合わせて笑ってしまった。

「どうぞ、先に話して」

「いいよ、真由ちゃんから話して」

ぎこちなさを少し残しながら、美味しい焼き鳥と真由との会話を楽しむ。

「また、二人でご飯行かない？」

「いいね♡　また誘って」

初々しさを残したままのデートだったが、楽しい夜になった。

もう一軒あるかと思ったが、店を出ると美しい微笑を浮かべながら、真由はクルリと背を向け、目黒駅のほうへ消えていった。

呆気なく終わってしまったデートに少し寂しさを感じつつ、真由からのＬＩＮＥを待つ。

しかしその日の夜も、翌朝もお礼のＬＩＮＥが来なかった。気になってしまい、自分からＬＩＮＥを送る。

二日酔いを表現したスタンプを送ったところ、すぐに真由から返信が来た。

〝自分も二日酔い〟ということだろうか。おかしくて、笑ってしまった。

しかし、このやり取り以降、真由からの会話は途絶えた。スタンプは返してくれるが、それ以外の質問などは基本的にスルーされてしまう。

「確かに、僕に気があったはずなのに……」

最近は、ハートマークすら送られてこない。

会話のない、スタンプだけが飛び交う虚しいＬＩＮＥを僕は見つめている。

Mayu
▼
Ryo

会話をスタンプで済ませないで！スタンプ乱発男に冷めた瞬間

遼君を最初お茶に誘ったのは、私のほうからだった。

三年半も付き合ったのに、関係が遅々として進まない彼と別れようかと悩んでいるときに、知人を介して知り合ったのが遼君だった。

線が細く、ちょっと神経質そうだけれども自分に自信がある感じ。

そんな遼君に興味をもち、〝彼氏の相談〟という体で会う口実を作り、お茶に誘った。

「へぇ、そうなんだ」「それは大変だったね」

優しい遼君は私の話をうんうん、とよく聞いてくれて、その優しさに私は心が洗われた。

わざわざ休みの日に出てきてくれたお礼も兼ねて、解散後にＬＩＮＥを送った。

文末の♡をつけるかどうかで一瞬迷ったが、そのまま送信した。

確かに〝またご飯でも行けたらいいな〟と思ったが、本気で好きになったときは、♡なんて送れないのが女心だ。

だからこのハートマークに、特に深い意味はなかった。（1）

その後一週間くらいが過ぎ、私は彼と別れる決心をした。

別れても何人か男友達はいるし、男っ気がなくなるわけではない。遼君ももちろん、そのうちの一人だ。次の候補がいると思えれば、別れの踏ん切りはつくものだ。

そんなときに、遼君からのＬＩＮＥはやってきた。（2）

ちょっと浮き足立った気分でＬＩＮＥを開封したのに、このスタンプを見た瞬間にちょっと引いた自分がいた。

「これって……何が言いたいんだと思う？」

隣のデスクに座る、三つ下の萌に遼君からのＬＩＮＥを見せる。

「彼氏とどうなった？　ってことじゃないですか？」

なるほど、そういうことか。だったら直接そう聞けばいいのにと思いながら、返信を打つ（スタンプに罪はない）。

「萌ちゃん……今度は、これ、どういう意味だろう？」

「彼氏と別れて嬉しい、ってことですかね？」

二人して、顔を見合わせて笑ってしまった。いくらスタンプの使い勝手が良いとはいえ、自分の意見をスタンプに頼らず、男らしくハッキリ言葉で伝えられないのだろうか？

「何か、私男性でスタンプばかり送ってくる人って苦手かも」

隣で、萌が激しく頷いている。

「分かります！　あと、無駄にガーリーな絵文字とか、自分の名前が入ったスタンプとか送られてくると引きますよね……」

「本当それ！　あと、男性にしか分からない、何かの漫画のキャラクターとか送ってくる人とかいるよね」

男性から送られて困るスタンプの話で盛り上がっていると、続いて遼君からお誘いLINEが入ってきた。

〝ちょうど来週金曜に、『鳥かど』の予約が取れてるんだけど、一緒に行かない？✧〟

予約が困難な目黒にある焼き鳥屋さん『鳥かど』に誘われて、断る女性がいるのだろうか？

『鳥かど』のお誘いに一人で盛り上がっていると、編集長からお呼びがかかった。そこでこのLINEの会話を終わらせるため、ウサギの顔文字スタンプを送る。

そしてLINEを閉じかけたとき、遼君から返信が入った。

またスタンプだ。

このとき、何だか妙な気持ちになった。

会話の最後にスタンプだけ送るのは、〝この会話を終わらせたい〟というサイン。それなのに、ここでまたスタンプを返されては歯切れが悪い。

きっと優しさでスタンプ返信をくれたと思うけれど、正直、スタンプが続くＬＩＮＥはめんどくさい。

「男性のスタンプ使いって、その人のセンスが表れるよね……」

また、隣で萌が大きく頷いていた。


『鳥かど』は噂通り、いや噂以上のお店だった。

『鳥しき』も大好きだけれど、二号店である『鳥かど』はシックな内装で、そんな雰囲気の中で焼き鳥を食べられるのもまた良かった。

おまかせコースを楽しんでいると、突然、遼君からの質問が飛んできた。

「そういえば、真由ちゃんって彼氏と別れたばかりだけどほかに好きな人いないの？」

一瞬、焼き鳥を食べる手が止まる。

せっかく美味しい焼き鳥を楽しんでいる最中、しかもまだ食事も中盤だ。

「う〜んそうだねぇ。いるような、いないような、かな♡」

「そうなんだ」

その質問は、もう少しお酒が回ってからできないのかな。何だかタイミングの悪い質問に、妙な気まずさだけが残る。

「遼君って」「真由ちゃんって」

話をそらそうと慌てて話しかけようとしたら、次は話しかけるタイミングがかぶってしまった。

何だか、歯切れが悪い。

遼君のＬＩＮＥのスタンプ使いもそうだった。聞きたいことがあるならスパッと聞けばいいのに、スタンプで聞いてくるあたりに歯切れの悪さを感じる。

それに会話のタイミング、テンポも妙に居心地が悪い。

好きな人がいるの？　の質問に対する答えが、「そうなんだ」の一言で終わられても、どう盛り上げていいのか分からない。

もし私の好きな人が気になるなら、どうして自分の言葉ではっきりと聞かないのだろうか？

リアルな会話に、スタンプは登場しない。意思を汲んでほしいならば、きちんと言葉にしないと伝わらない。

結局会話の歯車が噛み合わないまま、店を出て解散した。

電車に乗り込んだ途端、どっと疲れた自分がいた。

お礼を送らないと、と思いながらタイミングを逃していると、遼君からＬＩＮＥが来た。（**3**）

このスタンプは、二日酔い、ということなのだろうか……。

私は自分の思いを、スタンプという簡単なほうへ逃げず、自分の言葉でしっかり伝えてくれる人がいい。

そして会話のテンポが合う人がいい。

そう思いながら、遼君との意味のないスタンプのやり取りは続いた。

POINT

Q1 文末の♡マークが意味するものとは？
A1 特になし。なお、本命の人には最初から♡マークは送らない
Q2 モテる男のスタンプ使用法とは？
A2 女は、ストレートな人が好き。スタンプじゃなくて言葉で表して

答えあわせ

1

ハートマークに特に深い意味はない。

今日は忙しいなか相談に乗ってくれてありがとう♥
遼君のおかげで、気持ちに整理がつきそうです✨
14:20

お役に立てたなら何より！
またいつでも相談してね
😊✨
既読
14:31

一週間後

既読
14:34

2

何が言いたいのか分からない……。聞きたいことがあるなら直接聞けばいいのに。

スタンプ可愛い！彼とは別れたよ！また今度ご飯行こうよ✨
14:59

既読
15:05

デート後

既読
11:32

3

二日酔いって意味？ストレートに自分の言葉で伝えられないの？とりあえずやり取りは続けるけど、本当に意味がないと感じている。

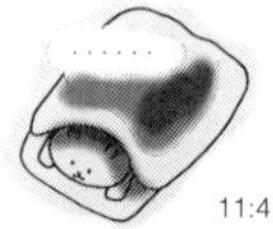

11:41

既読
11:42

Case 7

Tomoya

▼

Ayako

なぜ気づかない？女性へ「元気？」と送る男の大きなミス

数ヶ月ほど前に彼女と別れ、僕は新しい出会いを求めていた。

新しい出会いだけでなく、過去に出会った女性陣も今一度見直そうと思った矢先、ふと頭によぎったのが、半年前に出会った綾子だった。

会社の元同期・拓巳の女友達で、偶然、居酒屋で鉢合わせしたのが綾子との最初の出会い。

「誰、あれ。可愛いじゃん」

総合商社で事務職をしているという綾子は、まさしくアナウンサーの加藤綾子のような可愛らしさがあり、一目で気に入った。

「確かに、智也のタイプだな」

元同期の中でも特に仲が良く、過去の女関係も全員知っている拓巳も納得するほど、綾子はストライクゾーンど真ん中。

拓巳に頼みこんで無理やりその場で綾子とその友達が座る席に合流し、四人で飲んだのだ。

「智也さんは、普段何されているんですか？」

「僕は拓巳の元同期で、今はワインの輸入関係の仕事をしているよ」

「そうなんだぁ！　今度、ワインのこと教えてほしいな♬」

そんな会話から始まったが、深夜2時までその会は続いた。そしてすっかり綾子と打ち解け、ＬＩＮＥの連絡先もしっかり交換した。

そこからしばらくＬＩＮＥのやり取りが続いていたが、何となく自然に、お互い連絡を取らなくなっていた。

しかし無性に綾子に会いたくなり、もしかしたらチャンスがあるかもと淡い期待を抱きながらＬＩＮＥを送った。

〝よ、久しぶり！　元気？〟

数時間経ってから、綾子から返信が来たときに思わず顔がほころんだのは言うまでもない。

〝久しぶりだね！　元気だよ☺〟

綾子から来た返信はごくありふれたものだったが、ここからしばらく、会話はテンポよく続く。

〝最近、綾子ちゃんは何してるの？〟

〝そうだねぇ、相変わらずだよ仕事がちょっと忙しいくらいかな？〟

〝そういえば拓巳が、シンガポールに転職決まったよ！　拓巳が海外行く前に、またみんなで集まらない？〟

〝そうなんだ！　拓巳君が海外行っちゃうの知らなかった〜〟〝そしてもちろん！　送別会しようよ〟

よし、キタ。

拓巳のシンガポールへの転職が決まり、一緒に遊ぶ同期が海外へ行ってしまうのは寂しいが、おかげで綾子と会う口実ができた。

しかも、向こうから送別会の提案をしてくれている。

これは期待していいのかもしれない……興味のない男だったら、自ら〝送別会をしよう〟なんて言わないはずだ。

たった一度しか会っていないが、自分の中で綾子は特別な女性だと思っている。可愛くて、細いうえに性格も良い。

結局このＬＩＮＥのやり取りから二週間後、皆で拓巳の送別会を行うことになった（半年ぶりの再会に、その日は朝から心が躍っていた）。

場所は散々迷った挙句、最近お気に入りのワインショップが併設されている『ダブ

リュー表参道ザ セラーグリル』を選んだ。

入り口で好きなワインをボトルで選び、それをそのまま奥のレストランエリアで楽しめる店だ。

職業柄ワインに詳しいが、ここはワインがカジュアルに楽しめるので、最近のお気に入りだった。コスパも良いし、送別会にはもってこいの店だろう。

初めて来たと言っている綾子も、「ここでワインが選べるの？　すごいね」と喜んでいた。とりあえず店選びは合格だったようだ。

ホッと胸を撫で下ろし、僕は綾子と一緒にワインを選ぶため席を立つ。

「そっか、智也くんワイン詳しいもんね！　さすが」

隣で、綾子は目を輝かせていた。

気になる子との食事。自分の得意分野で攻めるしかない。

この日は拓巳の送別会ということもあり、結局トータルでワインはボトルで三本も空いた。

一本目はカリフォルニアのシャルドネ。二本目はフランスのメルロー、そして最後はお肉に合うようにしっかりと重みがあるオーストラリアのシラーズ。

「智也くんって、ワイン詳しいんだね♡　私もワイン、いろいろと知りたくなってきた！」

ワインに詳しい自負はある。仕事で扱っている点も大きいが、昔からワインが好きで、自分なりにいろいろと飲み、研究してきた。

綾子がモテることは知っている。きっと、今までいろいろな男性に良い店に連れていってもらい、舌も肥えているだろう。

でも、ワインに関しては負けない自信がある。

「奥が深いよね。この近くに好きなワインバーがあるから、来週金曜日行こうよ」

「いいね～行きたい♡　またワインのこと、教えて」

和牛ハンバーグをつまみながらワイングラスをクルクルと回す綾子の頬は少し紅潮しており、それがまた、たまらなく可愛かった。そして次のデートの約束をこぎつけた自分を褒めてあげたくなった。

解散した夜、早速綾子からお礼のＬＩＮＥが来ていた。

〝今日はありがとう！　そしてご馳走さまでした。拓巳くんも喜んでくれてよかった
ワインも勉強になりました〟

返すのは翌日になってしまったが、ＬＩＮＥを見る限り、昨日の送別会で自分の落ち度は何もないようだ。

むしろ楽しんでくれていたことが分かり、一人でＬＩＮＥを見ながら思わずにやける。

しかし結局、週が明けても、金曜日になっても、綾子から返事は来なかった。

久しぶりに送ったLINEからテンポよく会話は続き、一緒に飲んだ。そして確実に、店では喜んでくれていた。

何が、ダメだったのだろうか？

どうやら僕は、何か大きな勘違いをしていたようだ。

Ayako
▼
Tomoya

あなた、誰だっけ。「元気？」と送ってくる仲良し勘違い男

智也からLINEが来たのは、水曜のお昼頃だった。同僚の香織と話しているときに、LINEの着信音が鳴ったので何気なく開封した。

〝よ、久しぶり！　元気？〟

携帯の画面を見つめたまま手が止まってしまった。

「ねぇ……これ、誰だっけ？」

ＬＩＮＥの名前のところには〝智也〟と表示されているが、どの智也か分からない。妙に馴れ馴れしい感じのＬＩＮＥだが、アイコンに顔写真もないし、二ヶ月前に携帯の機種変更をした際にトーク履歴はすべて消えてしまった。

「またぁ？　どうせまた、綾子に惚れた男性のうちの一人じゃない？」

Ｆａｃｅｂｏｏｋで〝智也〟と検索するが、ヒットしない（正確に言うと、何人か〝ともや〟という知り合いはヒットしたが、きっと違う）。

誰だろう……記憶を手繰り寄せようとするものの、なかなか思い出せない。だからとりあえず、当たり障りのない会話で返信を送ってみる。**（1）**

向こうはあたかも当然のようなテンションでＬＩＮＥの会話を続けてきたけれど、私は、また不思議な感覚を覚える。

——あれ？　私、この人と、そんなに仲が良かったっけ？

〝そういえば拓巳が、シンガポールに転職決まったよ！　拓巳が海外行く前に、またみんなで集まらない？〟

ここで、初めて誰か思い出した。**（2）**

大学のゼミの同級生・拓巳の会社の同期だ。確か半年ほど前に、一度だけ、拓巳と一緒にいるときに飲んだ記憶がある。

たった、それだけのこと。

それ以降仲が良かったわけでもなく、一度飲んだ以来会っていない。久しぶりのＬＩＮＥのはずなのに、なぜかすごく距離感の近い、この会話は何なのだろうか……。

確か、智也という人は最初に会ったときも強引に女子会に入ってきた。

こちらとしては女子会を楽しんでいたのに、急に隣に座ってきたことを不意に思い出す。

「男性って、出会った女性はすべて自分のこと覚えていると思ってるのかな？」

女性は、好きなもの（人）しか記憶しない生き物である。

東京で生きている限り、出会いは毎日のようにある。ＬＩＮＥの交換も、何人ともする。

女性は男性が思っている以上に、一日の間にいろいろな男性からＬＩＮＥを受け取っている。

でも、全員に返信を打っているほど私も暇じゃない。そして何より、知り合った男性を女性側が全員覚えており、仲が良いと思っているわけではない。

そんなことを思いながら返信を送るかどうか考えていると、香織から話しかけられた。

「綾子、最近何か良い食事会ないの〜？　まぁ綾子はモテるからいいよね」

確かに昔から、男性に困ったことはない。でも、実は先月長い付き合いだった彼と別れたばかりで、意外に立ち直れていない自分がいた。

何か、新しいご縁が繋がるかもしれない。そう思い、智也に返信を打つ。

きっと、半年前の私は、彼に何の興味もなかった。でも、彼氏と別れ、何となく誰かとデートしたい気分になっていたし、もしかしたら良いかもしれない。

そう思い、送別会を提案した。

「綾子ちゃん、こっちこっち！」

指定された『ダブリュー表参道 ザ セラーグリル』はワインが店頭で選べる、ワイン好きにはたまらないお店だった。

肩肘張らないカジュアルな雰囲気のお店で、久々の再会にはちょうどいい。

「拓巳、シンガポールへ行っちゃうんだね〜」

そんな会話から始まった送別会という名の食事会は、和やかに進んでいった。そして久しぶりに会う智也は嬉しそうにワインを選んでいた。

正確に言うと、自分の世界観を披露していた。

「このワイン、知ってる？ やっぱり最初は白ワインからだよね。オススメはカリフォルニアのシャルドネ……」

あぁ、まただ。

「お肉には赤ワインだよね。またカリフォルニアでいいかな？ でもやっぱり、二本目はフランスのメルローにしようか。これは口当たりが滑らかで……」

この人は、自分中心に世界が回っている。相手がワインを知らないとは思っていない。

相手が、自分のことを〝まったく気にもとめていない〟など、思ったことはないんだろうな。

女性は、男性の想像以上にさまざまな男性と出会い、ＬＩＮＥを送り合っている。

その中で、一度しか会っていない男性などだんだんと記憶の片隅に追いやられていくことを、きっと智也は知らないのだろう。

「智也くんって、ワイン詳しいんだね♡」

さらに饒舌《じょうぜつ》になる智也に対し、聞いている側の私は、智也の会話が右から左へ抜けていく。

「この近くに好きなワインバーがあるから、来週金曜日行こうよ」

そうだね、と微笑みながら、距離感の近すぎる誘い方に少し引く。

〝行こうよ〟、ではなく、〝行かない？〟と誘えないのだろうか。

来週の金曜日、私の予定が空いているわけではない。せめて〝金曜日、どうかな〟と聞いてほしい。

でも、彼の中で大前提として〝自分は否定されない〟と捉えているのだろう。自分のモノサシがすべてなんだろうな、きっと。

「いいね～行きたい♡　またワインのこと、教えて」

社交辞令のような返事をしつつ、LINEを開き、たまっているトーク一覧を見る。

今宵もまた、複数の男性からLINEが来ているが、その中に、見慣れない〝Shinya〟という名前があった。

おかしくて、思わず笑ってしまう。

「誰だっけ……」

男性は、智也のように〝自分は仲が良い〟と勝手に勘違いしている人が、意外に多いのかもしれない。（3）

POINT

Q1 よくある挨拶LINE。これのどこがいけないの!?
A1 モテる女には、一日何人の男性からLINEが来ると思っていますか？
Q2 得意分野の話を楽しんでくれたはずでは？
A2 当たり障りのない会話は、ただの社交辞令

答えあわせ

既読 11:48 よ、久しぶり！元気？

久しぶりだね！元気だよ 14:59

既読 15:04 最近、綾子ちゃんは何してるの？

1
「あなた誰？」と思いながらも当たり障りのない返事。男性って、出会った女性はすべて自分のこと覚えていると思ってるのかな？

2
ようやく誰だか思い出した。でも、こんな距離感近いLINEを送るほど、仲良かったっけ？

そうだねぇ、相変わらずだよ 仕事がちょっと忙しいくらいかな？ 15:06

既読 15:09 そういえば拓巳が、シンガポールに転職決まったよ！拓巳が海外行く前に、またみんなで集まらない？

そうなんだ！拓巳君が海外行っちゃうの知らなかった〜 15:20

そしてもちろん！送別会しようよ 15:20

既読 15:30 いいね！！じゃあ早速日程決めようか。拓巳にも聞いておくね。

送別会後

今日はありがとう！そしてご馳走さまでした。拓巳くんも喜んでくれてよかった ワインも勉強になりました 22:29

23:36 今日は楽しかった！次は金曜日だね！

3
送別会での、距離感の近すぎる誘い方に引いてしまったのに、LINEでさらにダメ押し。仲が良いって勝手に勘違いしてない？

Case 8

Shinya ▼ Miki

気になる子を誘いたい。「今から飲まない？」が嫌われる理由

金曜19時。

今日の食事会の幹事は、俺だった。

この時間になると、慶應幼稚舎からずっと一緒である、いつもの男四人のグループLINEが鳴り始める。まず皆が気にするのは、相手のスペックだ。

俺は幼稚舎からずっと慶應で、新卒で総合商社に入社。昨年、父親が経営する流通関連の会社へ入社した。実家は碑文谷にあり、来年からMBA取得のため英国へ一年間留学を考えている。

これだけ聞くと大概の女性の、目の奥が光る。自分で言うのも何だが、値踏みしても結構な優良物件だと思う。

同じような境遇である幼稚舎からのメンツたちと、昔から狭い世界で生きてきた。そして学生時代から、このメンバーと飲んでいるときに女性に困ったことはない。

皆呼べばすぐに飛んでくる。女性から断られた記憶は、ない。食事会の女性集めだって、

お手のものだ。

〝今日は誰が来るの？〟

ヒロキのメッセージに、すぐさま返信した。

〝モデルが来ます😃〟

そう返信すると、ＬＩＮＥのグループがざわついた。

「信哉、お前今日は良い仕事をしたな」

耳元で、昔から一番仲の良いタカシがささやく。

今日集まったメンツはこちらの幼稚舎チーム男四名に対し、モデルだという20代後半から30代前半の四名だった。

なかには雑誌か何かで見たことがあるような人もいるが、ほとんど無名だ。しかし自称モデルということだけあり、皆スタイルは抜群に良い。

そんなモデル陣を前にしてこちら側のテンションも上がり、食事会は盛り上がりを見せる。

それなのに、22時半も過ぎると女性陣が急に皆ソワソワし始め、口々に「終電が」「明日撮影なので」と言い始めた。

基本的に、タクシー代は渡さない。港区おじさんでもあるまいし、女性にお金を渡して釣るなんて、そんなカッコ悪いことはしない（これは俺らのポリシーでもある）。

「そうなんだ、じゃあ今日は解散しようか」

女性に餓えているわけでもない。遠回しにタクシー代を請求しようとしてくる女性は、こちらからお断りだった。

タクシー代がもらえないと分かった途端急に無口になり、白々しい態度を取る女性陣。そんな彼女たちを目の前にし、急に酔いが冷める。結局最後は、尻すぼみのままお開きとなった。

「まだ23時か……もう一軒行こうぜ」

今日は金曜日だ。帰るにはまだ早い。

タカシの一声に皆賛同し、西麻布の交差点に残った男四人で次の店を探し始める。そして自分はＬＩＮＥを開き、呼べる女性を探した。

最近二、三回続けてご飯に行っている、元モデルの美希とのＬＩＮＥのやり取りを見返したところで手が止まる。

確か麻布十番に住んでおり、可愛らしい顔に似合わず酒が強く、飲むのが好きと言っていた。今日も、どこか近くで飲んでいないだろうか。

会える口実にもなると思い、ＬＩＮＥを送った。

〝お疲れ！　美希ちゃん、何してる？〟〝今西麻布で友達と飲んでるんだけど、一緒に飲まない？〟

〝え〜さっきまで広尾でご飯食べてたのに！　もうお家に帰ってきちゃいました㊅〟

〝そうなの？　家近いし出てくれば？〟

〝すっごく行きたいのですが、明日朝早くて💔〟〝また誘ってください❤〟

美希からの返信を見て、〝なーんだ、来られないのか〟と残念に思うと同時に、会えないことに少しショックを受けている自分がいた。

でも明日朝早いなら仕方ない。結局、タカシが呼んだ別の女性二人がつかまり、その子たちと飲むことになった。

――美希と飲みたかったなぁ。

そう言いたくなるのをぐっとこらえ、結局この日は深夜2時過ぎまで盛り上がった。

深夜2時を回り、酔いも回ったところで、タクシーの中から美希にＬＩＮＥを送った。

〝今日会えなくて残念だなー。来週金曜日の前に、どこかで飲めたら飲もうよ！〟

可愛らしい美希の顔がふと浮かぶ。まだ数回しか会っていないが、気遣いができて、朗らかな人柄がたまらなく魅力的な女性だった。

元々別の友達の紹介で知り合った美希だが、可愛らしい顔とは裏腹に焼酎が好きという意外な一面ももっている。そのギャップが男心をさらにくすぐる。

ここ数週間、一週間に一度は会っており、なかなか良いペースだ。「信哉くんと一緒に飲む時間が、楽しくて好きだな」と前回、美希がほろ酔いで言っていたことを思い出す。

お互い、好意を抱いている。

その証拠に、来週金曜、希少な日本酒が飲め、料理も抜群に美味しいと評判の、広尾にある『味のなかむら』へ二人で行く約束をしていた。

次回のデートを、お互い意識しているのは間違いなかった。

結局この日は家に着くなり倒れこむように寝てしまったが、翌日、美希から丁寧な返信が来ていた。

〝昨日は行けなくてすみません。そうですね、是非ぜひ！　また飲みましょう✨〟

「また飲みましょう」の箇所を読み返し、来週の予定を思い浮かべる。ちょうど水曜に、元同期と麻布十番で飲む約束があった。そこに誘おう。金曜のデートの日まで待っても良かったのだが、美希に会いたくて、結局水曜も連絡をした。

〝美希ちゃん、今何してる？　麻布十番で元同期と飲んでるんだけど、一緒に飲まない？〟

しかし結局、この日は返信が来ず、連絡が来たのは翌日だった。

〝昨日寝ちゃってて、返信できなくてすみません💦〟〝あと、明日の夜仕事が入ってしまい、リスケでもいいですか？　すみません🥺また連絡します！〟

いきなり受話器をガチャン、と切られたような、そんな気分になった。

仕事なら仕方ないか……そう自分に言い聞かせたが、この会話以来、美希とのＬＩＮＥは途絶えた。

「連絡します！」と言ったきり、美希から返信が来なくなったのだ。突然のドタキャンに、連絡無視。

確実に、前回会ったときは良い感じだった。

お互いデートも楽しみにしていたし、適度に連絡も取り合っていた。

美希が〝また誘ってください〟と言ってくれたから、水曜も誘ったのに、しつこいと思われたのか……？

抱いていた淡い恋心は、突然居場所を失ってしまった。

Miki
▼
Shinya

女性の「また誘ってください♡」の真意、勘違いする男たち

信哉くんはいかにも、慶應幼稚舎、という感じの男の人だった。

自分に自信があって、遊ぶ仲間はいつも「チーム幼稚舎」。ほかの人は受け付けない。でも、そんな排他的な世界で生きていることに何の疑問も抱いていない。

そんな少し浮世離れしている性格が、とても魅力的に映った。

信哉くんは女性の扱いにも慣れており、最初に会ったときから、すっかり彼のペースにはまってしまった。

福岡出身の私は、両親から受け継いだDNAのおかげか、お酒が異常に強い。それでも信哉くんといると楽しくて、飲みすぎて、いつもより酔いが回るのが早い気がした。

「美希ちゃん、よく飲むね。一緒に飲める子っていいよね」

信哉くんは優しく微笑む。

私もまったくの同意見だった。一緒に楽しく飲める男性は素敵だ。何度か会っているうちに、確実に惹かれている自分がいた。

「今度、広尾にある『味のなかむら』へ行こうよ」

答えはもちろんYES。そろそろ、付き合っても良い頃かなぁ。なんて、淡い期待を抱いていた。

例のLINEが来るまでは。

その日は地元が一緒の親友、春香と恵比寿で飲んでいた。春香も私に負けず劣らずお酒が強い。

いつものごとく、二軒目を終え、帰宅しようとしたそのとき、信哉くんからLINE

が来た。

〝今西麻布で友達と飲んでるんだけど、一緒に飲まない？〟（１）

ＬＩＮＥを開いた途端、がっかりした自分がいた。

なんだ、私もただの〝呼べばいつでも来る要員〟に入れられていただけだったのか。

金曜日の23時。きっと、食事会か何かが終わった時間。そしてその食事会は盛り上がらず、次のお店で一緒に飲める子を探しているのだろう。

男性の行動なんて単純だ。

盛り上がった食事会の後で、ほかに女性がいるときに、「何してる？　一緒に飲まない？」とは誘わない。

誰か女の子が欲しくて、友達のためにメンツを立てたくて、そのためだけに女子を呼ぶ。

人数合わせのために呼ぶのなら、ほかの女性にしてほしい。

〝すっごく行きたいのですが、明日朝早くて💔〟〝また誘ってください❤〟

「すっごく行きたい」わけではない。（２）

信哉くんに会いたい気持ちはある。でも、夜中に呼び出されてホイホイついていくような、その他〝大多数〟のうちの一人になるなんて願い下げだ。

「また誘ってください♡」と思っているわけではない。

本当にまた誘ってほしかったら、こちらから具体的な日程を提案する。

「また誘ってください♡」は、女性の優しさと気遣いが発揮される、素晴らしいキラーフレーズだと思う。

断る際に最適な一文であり、この一文さえ最後に添えておけば、相手は断られていることに気がつきにくい。よって、相手に対して失礼でもない。

「ねぇ、こんなLINEが来たんだけど。どう思う？」

帰ろうとしていた春香に問いかける。

「ああ、この時間から呼び出して来る女性が、信哉くんの周りには〝いっぱいいる〟ってことだね」

春香の言う通りだ。

信哉くんの周囲には、〝呼べばいつでも飛んでくる女性〟がたくさんいるのだろう。そして大概の女性は喜んで、尻尾を振って誘いに応じるに違いない。

嫌悪感が増し、深夜2時に入ってきた信哉くんからのLINEに対して曖昧な返信しかできなかった。

そこから何度か信哉くんとLINEのやり取りは続いたが、やんわりと断ったことに、気がついていない様子だった。

でも、私も嫌いになったわけではない。

来週金曜の『味のなかむら』は前から気になっていたお店で、とても楽しみにしていた。大人っぽい雰囲気の和食店で、デートで行きたいと思っていた。

信哉くんも、もしかしたら純粋に会いたいと思ってくれただけなのかもしれない。そう思い、会ったときに真意を確かめようと思っていた。

でも、そのデートの前に、また信哉くんから〝二軒目からの誘い〟のＬＩＮＥはやってきた。**(3)**

このＬＩＮＥを見たとき、「あ、まただ」と思わず声に出した自分がいた。

先週金曜のように、23時ではないからまだマシなのかもしれない。でも当日の突然な誘いで、今回も〝元同期〟がいる。

そして何より、また二軒目からのお誘いだった。

本当に一緒に飲みたいなら、一軒目から誘うべきだろう。

本当に会いたいなら、もっと早くから「今日麻布十番で飲むから、もし会えたら嬉しい」と一文でも良いから伝えておくべきだろう。

〝二軒目の女〟の捺印を押された気がして、だんだん会う気も無くなってきた。

〝昨日寝ちゃってて、返信できなくてすみませんすみません〟〝あと、明日の夜仕事が入ってしまい、リスケでもいいですか？　すみませんまた連絡します！〟

また誘ってくださいと同じくらいに便利なワード、「また連絡します」。

でも、誘ってくださいという受動態とは違い、これは能動態だ。つまり、今後連絡するかどうかは私次第。

もうこちらから連絡はしない。人数合わせのために呼ばれるようなチープな女ではないから。

二軒目に、人数合わせのために誘う女性を探しているならば、ほかにいけばいい。

私は、一軒目から一緒にご飯を食べ、楽しく時間を過ごせる人を求めている。

――さよなら、信哉くん。

小さく呟きながら、LINEの会話一覧に表示された信哉くんとの会話をスライドさせ、削除した。

POINT

Q1 「今から飲まない？」の誘い文句で女性が冷めるのはなぜ？

A1 呼べばいつでも来ると思ってる？ 二軒目要員は願い下げ

Q2 女性からの返信「また飲みましょう」の本当の意味は？

A2 断る際のただの社交辞令。「また誘ってください♡」も同様

答えあわせ

1

私も"呼べばいつでも来る要員"なのかとがっかり。食事会が終わった時間だっていうのもバレバレ。

お疲れ！美希ちゃん、何してる？
既読 23:07

今西麻布で友達と飲んでるんだけど、一緒に飲まない？
既読 23:07

え〜さっきまで広尾でご飯食べてたのに！もうお家に帰ってきちゃいました
23:15

そうなの？家近いし出てくれば？
既読 23:26

すっごく行きたいのですが、明日朝早くて
23:34

また誘ってください
23:35

2

「すっごく行きたい」わけではない。本当にまた誘ってほしかったら、具体的な日程を提案する。

3

また"元同期"がいる。21時なので前回よりマシかもしれないけど、結局"二軒目の女"ってことか。もうこちらから連絡はしないと決意。

デートの二日前

美希ちゃん、今何してる？麻布十番で元同期と飲んでるんだけど、一緒に飲まない？
既読 21:33

デート前日

昨日寝ちゃってて、返信できなくてすみません
10:50

あと、明日の夜仕事が入ってしまい、リスケでもいいですか？
すみませんまた連絡します！
10:50

Case 9

Keita ▼ Karina

LINE交換後、すぐデートに誘いたい。女性が必ず「YES」と答えるキラーフレーズとは？

香里奈は、後輩が開催したゴルフコンペで一緒になった女性の一人だった。

32歳、そろそろ身を固めたほうがいいのは分かっているが、なかなか〝この人だ！〟と思えるような人がいない。

誰かいい人がいれば、なんてのんびり構えていたなかで、香里奈は彗星のごとく現れた。

ハッキリした顔立ちに、綺麗なロングヘア。高身長で、言うことなしだ。

ラウンド中にさりげなく、でもついいろいろと話しかけてしまう。

「へぇ〜敬太さんは、今ご自身でコンサル会社をされてるんですか？」

「一応、ね。香里奈ちゃんは？　モデルさんか何か？」

「まさか（笑）。丸の内でOLしてますよ」

昼休憩のタイミングを見計らって、LINE交換を促した。

「じゃあ、僕がQRコード出すね」

香里奈が僕のQRコードを読み取る。咄嗟に、忘れられないようにすぐに付け加えた。

「スタンプでもいいから、何か送ってもらえる？」

こういう場合、一方がQRコードを読み取っただけでは、読み取られた側は相手のLINEのIDが分からない。また大勢と交換するときも、その場ですぐに名前かスタンプを送ってもらわないと、相手の印象には残らない。

「じゃあ、今何か送りますね」

香里奈から、すぐにLINEが送られてきた。

〝香里奈です〟

こうして、僕は香里奈の連絡先を無事に手に入れた。しかし翌日、ふと考えてしまった。さて、何と送ろうか、と……。

どうでもいい女性に対しては適当に送れるのに、気合が入れば入るほど真剣に悩んでしまう。

最初に、何と送るべきか。

会話は、昨日の「香里奈です」で終わっている。まずは昨日のお礼を言いつつ、どうにか次に繋げたい。

こんなとき、この枕詞を使わない手はないだろう。

〝昨日はありがとう！　とっても楽しかったです✨ところで、行きたいお店を見つけたんだけど、一緒に行かない？〟

〝昨日はありがとうございました✨ぜひまた😊〟

普通ならば、これで終わってしまうかもしれない。でも、ここで何とか確実にクロージング（約束）にこぎつけたいところだ。

そこで、もう一文を送る。送る前から、香里奈の返信は大体予想できた。

〝西麻布にできた『上《じょう》』って、行ったことある？〟

〝ないです〜💦でもそこ、行ってみたかったお店です✨〟

〝なら良かった！　今度一緒に行こうよ。いつ空いてる？〟

〝嬉しい❤　ぜひ✨来週土曜はいかがですか？〟

――ほら、こう来た。

大概、皆良い店を提示するとＹＥＳと言ってくれる。それがまだ一般的に知られていない店でも、〝いい店見つけた〟、と言うと興味を示してくれる。

こうして、香里奈とのデートの約束はあまりにも呆気なく、スムーズに取り付けることができた。過去の経験上、この手で断られた記憶はあまりない。この言葉に、多謝する。

早速店を予約し、デートに向かった。

『上』はうしごろ系列の新店で、肉好きとして一度行ってみたい店だった。

カウンター席の目の前で調理する、ライブ感溢れる演出とうまい肉に、香里奈も思わず前のめりになる。

「来てみたかったから、嬉しい～」

上機嫌でおまかせコースを楽しむ香里奈を見て、店のチョイスは正解だったと改めて思う。

「ここ、僕も来たかったから、付き合ってくれてありがとう。新店を開拓するのが好きなんだけど、一緒に行ってくれる人募集中で」

ストレートに次も一緒にどこかへ行かない？　と聞きたかったが、ここは断られぬ方法で、香里奈を次回のデートに誘ってみる。

「私で良ければ、いつでも！」

その日は一軒目で解散となったが、翌日、香里奈からこんなＬＩＮＥが入っていた。

〝昨日はご馳走さまでした✨とっても楽しかったです♪　新店開拓、またご一緒させてください😊〟

もはや手応えしか感じなかった。


そこから香里奈とは順調に続いていた。

二度目のデートも僕がリサーチして香里奈を誘い出し、三度目のデートまでこぎつけた。

最初に会ったとき、香里奈は肉が好きだと言っていた。次のデートは、ステーキにしよう。

結局この三度目のデートも大いに盛り上がり、会うたびに二人の距離は縮まっていた。

そろそろプッシュしても良い時期かな？　と頃合いを見計らう。次回で、そろそろ勝負を決めようか。

だから次は僕の家に近い、愛宕《あたご》の店を選んだ。

〝次は昨日話してたXEXに行かない？　バーエリアのほうは深夜までやってるみたい^_^〟

『The Bar／ゼックス アタゴ グリーンヒルズ』はATAGO GREEN HILLSの最上階、180mの高さにある。あの夜景は女性ならば喜ぶはずだ。

何よりも、家から近いのでそのまま誘いやすい。

そんな妄想を一人で膨らましながら、香里奈からの返事を待った。しかし、ここで意外なことが起こる。

まさかの、既読スルーだった。

最初から既読スルーならまだ分かる。彼氏がいるとか、そもそも相手にならなかったのかもしれないから。

しかし、今回は状況が違う。

三回もデートして、徐々に盛り上がっていた。前回のデートも普通に楽しく会話していたし、突然既読スルーされる理由がどこにも見当たらない。

——何で、突然既読スルーなの!?

向こうに彼氏ができたのか、それとも何かこっちに非があるのか……。過去の履歴を何度も見返したが、分からない。その〝既読スルー〟という現実に、ただ打ちひしがれるばかりだった。

Karina
▼
Keita

「いい店あるから、行かない？」この枕詞を送る男性の評価はいかに

敬太さんと出会ったのは、知人が開催したゴルフコンペだった。

そこまでゴルフが好きなわけでもないし、〝良い出会いがあるかな〟という下心がなかったといえば嘘になる。

スラリとした敬太さんはゴルフ場でも一際目立っていたので、彼と一緒にラウンドできると聞いたときは嬉しかった。

しかし前半が終わり〝LINEを交換しよう〟、と言われたとき、少し驚いた。

——交換するタイミング、ちょっと早いなぁ……。

交換しようと言われたのは、ちょうどお昼休憩時。まだ九ホールも残っているのに……。

ＬＩＮＥの交換をすぐ迫られると、女性は引く。大人数の食事会でもあるまいし、この人、焦りすぎじゃない？　と感じた場合、その必死感に少しがっかりしてしまうのだ。

とはいえ、コンサル会社経営、顔もそこそこ。悪くはない。だから素直に差し出されたＱＲコードを読み取る。

しかしまた、この一言で彼の慎重な性格が垣間見られた。

「スタンプでもいいから、何か送ってもらえる？」

面倒だったら、このままＱＲコードを読み取ったまま、返信しなければいい。そうすれば、私のＬＩＮＥは永遠に向こうには分からない。

でも、この人は頭の回転が速いみたい。だから無駄な駆け引きはやめて、その場ですぐにＬＩＮＥを送った。

翌日、敬太さんのほうから連絡が来た。ゴルフのお礼を言い忘れていたことに反省しながらも、さりげない誘い方に好意をもった。（1）

この誘い方をされると、女性は返信をしやすい。初回のお誘いＬＩＮＥは、これぐらいの距離感があるほうがいいのかもしれない。

嫌な人ではないし、素敵な人だと思う。一度くらい食事に行ってもいいかなと思っていたときに、とどめの一発がやってきた。

〝西麻布にできた『上』って、行ったことある？〟

——うっ……。

思わず、返答に詰まる。『上』は、私が今行きたかったお店だ。うしごろ系列の新店で、肉ラバーとしては、一度は行っておきたいお店だった。

うまいところを突いてくるなぁと思いながら、返事を打つ。もちろん、返事は決まっていた。向こうの手にまんまと乗せられたことは分かっていたが、こうして二人でデートをすることになった。

『上』は西麻布交差点近くにあった。カウンター席の目の前で調理されるお肉に、思わず目が奪われる。視覚も嗅覚も、五感のすべてを使って楽しめるお店だ。

内装もシックで、いい。赤ワインが思わず進んでしまう。

「来てみたかったから、嬉しい〜」

肉汁溢れるステーキを口にした途端、思わず心の声が漏れてしまった。

「ここ、僕も来たかったから、付き合ってくれてありがとう。新店を開拓するのが好きなんだけど、一緒に行ってくれる人募集中で」

口にお肉を運びかけていたところで動作が止まる。

——あれ？　これって、次回のデートに誘われてる？

一瞬何と返事をすべきか迷う。お店目当てだとも思われたくないし、かといってデートにがっついている女性だとも思われたくない。とりあえず、彼の期待に外れないように答えておこう。

「私で良ければ、いつでも！」

でもこれは、本心だった。敬太さんはとても優しくて、聡明。初回は一軒目で帰ることにしたけれど、次回のデートを楽しみにしている自分がいた。

だから翌日、素直な気持ちをＬＩＮＥで送った。

〝**昨日はご馳走さまでした✨とっても楽しかったです♪　新店開拓、またご一緒させてください😊**〟

そこから、敬太さんとのデートは続いた。

最初のうちは、純粋に楽しかった。素敵なお店に楽しい会話。センスもいいし、このまま敬太さんとお付き合いしてもいいかも……と真剣に考えていた。

しかしそんなときに来た三度目のデートのお誘いＬＩＮＥを見て、私のふわふわしていた気持ちは一気に冷めることになる。

〝**今度はステーキの美味しい店、見つけました！　来週木曜日とか、都合どうかな？**〟

ＬＩＮＥを開いて、少しゲンナリする。（**2**）

――またこのセリフ？

毎回、〝お店〟をフックにした誘い文句。この人、自分自身で勝負できないのかしら？

だからだんだん、私の返信も機械的な回答になっていく。

三回目のデートを終えたときに、私は気がついた。

きっと、敬太さんは自分に自信がないんだろうなぁ、と。断られるのが怖いから、一度の成功例をずっと引きずって同じパターンで攻めてくる。

そして自分で勝負するのではなく、お店を餌にして、私の興味を引こうと（釣ろうと）しているのだ。

〝昨日はありがとう！　次は昨日話してたXEXに行かない？　バーエリアのほうは深夜までやってるみたい^_^〟

『The Bar／ゼックス アタゴ グリーンヒルズ』は愛宕にあり、敬太さんの家の近くだ。明らかに、その後自分の家に誘おうとしていることが分かる。

デートに誘いたいなら、ストレートに「デートしたい」と言ってほしい。

その後のことも考えているなら、「この後、家に来ない？」と聞けばいい。

毎回美味しいお店へ連れていってくれることに対しては感謝しかないけれど、もうおなかいっぱい。

自信満々な自分大好き人間は困るけれど、柔軟性をもって行動できる男性のほうが、圧倒的に魅力的だ。

毎回同じ枕詞で誘ってくる男性は、魅力に欠ける。

誰かとご飯へ行きたいときや、話題の店に行きたいときは、私からまた連絡をすればいいかな。

——敬太さん、ありがとう。今までご馳走さまでした。

心の中でそう呟きながら、敬太さんからのＬＩＮＥを既読スルーにした。（3）

POINT

Q1 ＬＩＮＥのＱＲコード交換に潜む落とし穴って？
A1 その男性の性格が表れます。女性はそれを見逃さない
Q2 「いい店見つけたんだけど」は、女性が１００％ＹＥＳと言う枕詞？
A2 誘われたのが、行きたいお店だったら、確かにＹＥＳと言ってしまうかも
Q3 どうして気が変わったの？　突然の既読スルーの理由が知りたい
A3 店を使って誘っていいのは二度目まで

答えあわせ

1

こういう誘い方をされると断りにくい。しかも行きたかったお店ならなおさら。

昨日はありがとう！とっても楽しかったです
ところで、行きたいお店を見つけたんだけど、一緒に行かない？
既読 19:33

昨日はありがとうございました ぜひまた
19:35

西麻布にできた『上』って、行ったことある？
既読 19:35

ないです～ でもそこ、行ってみたかったお店です
19:36

なら良かった！今度一緒に行こうよ。いつ空いてる？
既読 19:36

嬉しい ぜひ 来週土曜はいかがですか？
19:36

2

次のデートを楽しみにしていたのに、ちょっとゲンナリ。お店で気を引こうとしすぎじゃない？

二度目のデート後

今度はステーキの美味しい店、見つけました！来週木曜日とか、都合どうかな？
既読 19:37

敬太さんセレクトのお店、いつもセンスいいから楽しみです
10:50

3

またこのパターンか……。ストレートに「デートしたい」と言ってほしい。もういいかな、と既読スルー。

三度目のデート後

昨日はありがとう！次は昨日話してたXEXに行かない？バーエリアのほうは深夜までやってるみたい^_^
既読 11:00

Case 10

Junpei ▼ Yumi

エリート男が仕事帰りに送りがちなNGワード。身に覚えある？

「今日も疲れたな……」

丸の内のオフィスを出て、タクシーに乗る。時刻はもう24時近い。携帯を見ると、何件かLINEが溜まっている。

しかし疲れているのか、すぐに見る気にもなれず、そのまま画面から目をそらす。

外資が激務だとは聞いていたが、実際に働くと想像以上だった。毎日帰宅は深夜。仕事は楽しいが、ハードワークであることに間違いはない。

自宅のある勝どき方面に向かうタクシーから、流れる街をぼうっと見つつ、再び携帯に視線を戻す。何件か溜まっているLINEは無視し、彼女の由美にメッセージを送る。

〝今終わったよ。今日も疲れた！〟

由美のことは、学生時代から知っていた。しかし当時からミスコンに出場したり、芸能界に片足突っ込んでいるような活動をしていた由美は、ずっと手の届かぬ存在だった。

そんな由美と社会人になってから偶然再会し、そして付き合うことになった。

――外資系証券会社勤務。

この肩書きがあれば、女性はたくさん寄ってくる。出会いもあるし、LINEも山のように来る（さゆりのときのような失敗もたくさんしたけど……）。付き合いもあるので食事会にも顔を出すし、飲みにも行く。しかしそのなかでも、昔から知っている由美は特別な存在だった。

由美は派手な外見とは裏腹に、とても古風な女の子だった。たわいもない会話にも付き合ってくれるうえ、こちらを気遣った言葉を返してくれる。疲れたときに由美に一言LINEを送ることで、どこか癒やされている自分がいた。

そしてもっと遊んでいるのかと思いきや、平日はほぼ出歩いておらず、22時くらいにLINEを送ると大概家にいる。

料理も得意だし、掃除も好きだ。きっと世の中の男性はこういう女性と結婚したいと思うのだろう。

――由美と付き合えて良かったな。

家に着いた途端、どっと疲れが出てきて、ベッドに横たわる。気がつけばそのまま深い眠りに落ちていた。

翌日会社へ行くと、いつものごとく目の回るような忙しさで、あっという間に一日は過ぎていった。

つかの間の昼休み、ランチを買いに行くついでに由美から来ていたＬＩＮＥに返信をする（ランチはデスクで食べるので、決して優雅なものではないが）。

“今週末、何する😃？　映画でも行く？”

映画か……のんびり家で休みたい気もするが、由美が行きたいというならば仕方ない。それにどこか夜ご飯の店も予約しておいたほうがいいだろう。

“ＯＫ。あと、夜何食べたい？”“ちなみに、今週はＮＹから上司が来るから、毎日接待だ💔”

今週は本社から上司が来るため、毎晩接待だ。だから鮨とか和食は避けたいと思っていると、由美から返信が来る。

“あらら、そうなんだ💔それは今週忙しくなりそうだね。あまり飲みすぎないようにね😃”“そして接待続きなら、和食系以外がいいかな？　忙しいなら、お店探しとくよ！”

こういう気遣いができる女性はいそうで、いない。

“助かるよ、ありがとう！”

それだけ返信するとまた会社へ戻り、この日も夜遅くまで仕事は続いた。

週末になり、出かける準備をしていると由美からＬＩＮＥが入っていた。

“純平、後で話があるんだけど”

いつも以上に神妙なＬＩＮＥのトーンに、一瞬胸騒ぎを覚える。付き合ってもうすぐ二年で、お互い28歳。由美は結婚したい年頃だ。

ついに結婚を迫られるのだろうか……。

胸騒ぎを覚えながら、待ち合わせの六本木ヒルズに向かった。

「ごめん、待った？」

「全然。忙しいのにありがとう。週末会えるだけでも嬉しいよ♡」

由美と会えるのは週末が多い。平日は接待が多いうえ、いつコールが入るか分からないため、約束しても確実に行ける保証がない。

ドタキャンするのも嫌なので、なるべく週末に時間を割《さ》くようにしていた。

白のオフショルダーにデニムという夏らしい装いの由美は、相変わらず華やかで、この日も街ゆく人の視線を集めている。

「それじゃあ、行こうか」

由美の手を取り、映画館に入った。

映画が終わり、由美が予約してくれていた『裏恵比寿 自然生村《じねんじょう》』へ向かう。

この店の代名詞のような料理である「すりおろし自然生とろろ鍋」をオーダーしたが、野菜がたくさん摂れ、自然生すりおろしが投入された鍋は美味しいうえに健康的だ。

「もうさ、連日接待で胃が大変だったから嬉しいよ。ありがとう」

「そっか、良かった。このお店、好きなんだよね〜」

そう言いながら由美は美味しそうに生とろを食べ、シメのとろろ雑炊までペロリと完食した。

「相変わらず、細いのによく食べるね」

由美は見ていて気持ちがいい食べっぷりだ。会計を済ませ、外に出ると夏の夜風が気持ち良かった。

「そういえば、話って何？」

今日一日、デートの間中ずっと気になっていたことだ。ここまで引っ張るのは、相当なことだろう。結婚はいつか？　と言われるのだろうかと思い、鼓動が速まる。

「あのね、実は」

「うん、どうした？　結婚したいの？」

「別れたいの。ごめんね」

――ん？　どういうことだろう？

一瞬、頭が真っ白になった。今、俺はフラれているのだろうか？

この二年間、ずっと楽しいときを過ごしてきたはずだ。しかも昨日まで毎日のようにLINEを送り合い、喧嘩もしていない。思い当たる節がまったくなかった。

「え？　なんで……ほかに好きな人でもできちゃった？」

「ううん、それはないよ。今でも純平君のことは好きだよ」

さらに頭が混乱する。まだ好きなのに、どうして俺はフラれているのだろうか？

「ごめんね。今までありがとう。また連絡するね」

そう言って去っていく由美の後ろ姿を、ぼんやりと眺めることしかできなかった。

Yumi ▼ Junpei

仕事後の彼に「お疲れさま♡」とＬＩＮＥを送る女の本音

純平と出会ったのは、学生時代にさかのぼる。

そこまで印象が強かったわけでもない。だけど卒業後、偶然会ったときにすっかり見違えた。印象の薄かった同級生が、カッコいい外資系ビジネスマンになっていたから。

〝昔から好きだった〟と言ってくれたとき、とても嬉しかったことを今でも覚えている。

しかし、付き合い始めて一年くらい経ったあたりから、ずっと気になっていたことがある。

――ＬＩＮＥが女々しい。

最初は気にならなかった。けれども、日々仕事後に送られてくるＬＩＮＥにだんだん違和感を覚え始めた。

疲れた！　と言われたとき、返す言葉は決まっている。

〝遅くまでお疲れさまー✨週末に会えるの、楽しみにしてるね😊❤〟

最初は、一生懸命彼の仕事を理解しようと頑張った。

金融の世界のことは分からない。だからせめて、彼の仕事のストレスのはけ口になれればいいなと思い、さまざまなバリエーションで返事をしようと試みた。

しかし〝疲れた〟に対して思い浮かぶのは、結局〝お疲れさま〟の一言だけ。

それ以外に、何を求めているのか分からなかった。

相変わらず仕事後に送られてくる〝疲れた〟ＬＩＮＥに返信をすると、立て続けに純平からＬＩＮＥが入る。

〝そっか、週末だ。それまで倒れないように頑張るよ（笑）〟（1）

携帯を見て、思わず手が止まる。

――この一言、いらなくない……？

仕事が大変なのは分かるし、理解もできる。しかし純平の〝疲れた〟アピールに、少しゲンナリしてきた自分がいることも確かだった。

私だって、疲れている。

しかしこの大変なときを支えてあげるのが彼女というもの。気持ちを切り替え、こう送った。

〝えー💔そんな忙しいの？　体壊さないように気をつけてね💔〟

「という感じで、最近彼の〝疲れたＬＩＮＥ〟を見ていると、こっちまで疲れてきちゃってさ」

大学の同級生で、同じように昔ミスコンに出ていた美奈子と『ＷＥ ＡＲＥ ＴＨＥ ＦＡＲＭ ＥＢＩＳＵ』にてランチ中に、思わず愚痴がこぼれてしまった。

「あ～でも分かるかも。いるよね、男性でやたらと〝疲れた、疲れた〟って言う人。あとは仕事が忙しいとか」

昔から散々チヤホヤされ、さまざまな男性と遊んできた美奈子が言うことは的確だ。

「でもさ、それが何？　って言いたくならない？　ＬＩＮＥとかＦａｃｅｂｏｏｋのメッセンジャーみたいなチャット形式って、人間性が丸裸になるよね」

美奈子の発言を聞いて、思わず頷く。

純平は会っているときはいいのだけれど、ＬＩＮＥだと途端に面倒な彼氏になるのだ。

そんなことを話していると、タイミングよく純平から返信が入った。

〝ＯＫ。あと、夜何食べたい？〟〝ちなみに、今週はＮＹから上司が来るから、毎日接待だ💔〟

接待続きで大変だね。きっとそういう言葉が欲しいのだろう。

我ながら、良い彼女だと思う。健康に気遣い、癒やしを求めている彼のために何と返信をすれば良いか考える。

でも少しずつ、物分かりのいい彼女を演じるのも、女々しい彼氏の相手をするのにも疲れてきていた。（**2**）

女は辛くても、彼氏に弱音を吐かない。別の方法で発散する。

美奈子と解散してから、仕事に戻った。アパレルでプレスをしているというと響きは良いが、女社会で、決して楽な仕事とは言えない。

「由美ちゃん、あの雑誌とのタイアップ案件、どうなってるの？　真面目に仕事してくれない？」

上司からの嫌味に小さなため息が出る。

女性はきっと、ストレスを一気に爆発させる生き物だ。

溜まりに溜まったときに「何で分かってくれないの!?」「本当に大変なの！」と彼氏や旦那に愚痴を吐き出し、ストレスを発散させる。しかし毎日、小さな〝疲れた〟を連発はしない。それにストレスが溜まったときは女友達とおしゃべりに興じたり、買い物やエステで散財する。

――疲れたなぁ。

誰かに話を聞いてもらいたくて、純平にＬＩＮＥを送ろうと思ったが、ふと手が止まった。

純平は疲れたと言えるが、私は毎回聞き役。

最後に、純平に仕事の愚痴をこぼしたのはいつだろうか。正確に言うと、純平に話しても、どこ吹く風。人を気遣う余裕なんてないのだろうな、と思っている。彼氏なのに、辛いとも言えない。そう考え始めると、純平の存在価値はどんどん低くなっていった。

何となく気乗りしないまま、デートの日を迎えてしまった。

〝純平、後で話があるんだけど〟

このとき、気持ちを固めていたわけではなかった。ただ、話を聞いてほしかっただけ。

しかし純平とご飯を食べているときに言われたこの一言が、私の中で決定打となった。

「もうさ、連日接待で胃が大変だったから嬉しいよ」

『裏恵比寿 自然生村』の「すりおろし自然生とろろ鍋」を食べながら考える。きっと、この人は自分が頑張ったと認めてほしいのだろう。それは分かる。

でも、人に対しては何の興味ももっていない冷たい人なのかもしれない。

話すことよりも、聞くことが苦手な人のほうが多い。だって、〝人の話を聞く〟ということは、ある意味パワーがいることだから。それに話を聞く相手に対する愛情もいる。いくら稼ぎが良くても、自分のことに必死で、毎日ネガティブな気持ちになるような人とは一緒にいられない。

「別れたいの。ごめんね」

呆然と立ち尽くす純平を残して、恵比寿駅に向かう。ずっと溜まっていたモヤモヤを一気に吐き出せて、肩の荷が下りた気がした。

――次は、人の話を聞いてくれる男性と付き合おう。

帰りの電車の中で、次に付き合う男性の候補を考えていた。

POINT

Q1 仕事終わりの一言。彼女に何と送るべき?

A1 「疲れた」ばかり言わないで。励ましのバリエーションにも限界がある

Q2 よくある恋人同士のLINE。この内容で何か悪いポイントあり?

A2 女性の話を聞く姿勢を少しくらい見せてほしい

答えあわせ

既読 23:45
今終わったよ。今日も疲れた！

遅くまでお疲れさまー
週末に会えるの、楽しみにしてるね
23:46

既読 23:47
そっか、週末だ。それまで倒れないように頑張るよ（笑）

えーそんな忙しいの？
体壊さないように気をつけてね
23:50

今週末、何する？映画でも行く？
12:03

1

「週末楽しみだな」でいいのに、まだ仕事忙しいアピールをするの？ちょっとゲンナリ……。とりあえず気持ちを切り替えて、返信を打つ。

既読 12:21
OK。あと、夜何食べたい？

既読 12:22
ちなみに、今週はNYから上司が来るから、毎日接待だ

あらら、そうなんだそれは今週忙しくなりそうだね。あまり飲みすぎないようにね
12:24

そして接待続きなら、和食系以外がいいかな？忙しいなら、お店探しとくよ！
12:26

2

物分かりのいい彼女を演じるのも、女々しい彼氏の相手をするのも疲れてきた。こちらが話を聞いてもらいたいときには聞いてくれないくせに。この後のデートで気持ちは固まり、別れを決意。

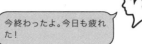

Case 11

Ryota ▼ Moe

圏外だったはずの男が、LINEの一文で彼女を落とせたのはなぜ？

「私は背が高くて、英語を話せる人がタイプかな」

初対面で、僕は萌に玉砕した。

萌と出会ったのは、大学の友人が開催した二対二の食事会。ウェブサイトの編集をしているという萌は、〝こじはる〟こと小嶋陽菜にそっくりで、目の前に座ったときから心を鷲《わし》掴みにされた。

「亮太さん、面白いね。やっぱり会話のテンポって大事だよね」

萌の揺れるピアスにドキドキしながら、褒められて有頂天になる。

しかし食事会で必ず話題にのぼる〝好きなタイプは？〟の質問に対する萌の答えを聞いて、がっくりと肩を落とした。

身長１７３㎝。高いほうではないが、平均身長はあるのでセーフ。しかし後者の英語を話せる人、に関してはまったく自信がない。

一応、早稲田大学を出ている。だから受験英語は完璧だ。しかし巷には帰国子女や留学生が溢れており、話せなくはないが、彼らと比べると発音がまるでダメ。日本人にありがちな、読み書きはできるけど話せない、典型的な英語コンプレックスを抱えている。

「そっか、萌ちゃんのタイプは帰国子女や外資系かぁ……」

大手広告代理店勤務、という看板ではまるで歯が立たぬようだ。

「別にそれだけがすべてではないですけど。優しい人がええなぁ」

そのイントネーションに、あれ？　と思った。

「萌ちゃん、どこ出身？」

「あ、関西弁出ちゃった。私京都出身なんです。夏の京都は、街が華やいで本当に素敵なんですよ」

京都弁を聞いてさらに萌を愛おしく思う。

何とかＬＩＮＥのＩＤをゲットし、返事が来るかどうか分からないけれど翌日に連絡をした。

〝昨日はありがとう！　またご飯行きたいな〟

予想に反して、萌はすぐに返信をくれた。

〝昨日はありがとうございました。楽しかったです✨〟

〝またご飯行きたい〟という文面に関しては、まったく何も返信がない。むしろ話題にすら触れられていない。

これは諦めろということなのか……。しかしせっかく返信をくれた。ここで終わらせるわけにはいかず、会話を続ける。

〝ちなみに、今週土曜何してる？　よければ一杯飲まない？〟

返信は、ない。既読にはなるが、帰ってくる気配は一向になかった。

懲りずに、何度となく誘ってみる。たまに返信が来たり、たまに既読スルー。そんな繰り返しだった。

〝今飲んでたりしないかな？　六本木で前に一緒にいた智也と飲んでるんだけど、どこかで飲んでれば合流しない？〟

〝すみません、今日はもう家にいます〟

ずっとこんな感じの会話が続いており、返信が来るものもあれば、来ないものもある。何のポイントで返信が来て、どういった内容だと返信が来ないのか、いまだにそのアルゴリズムは掴めずにいる。しかし、まったくの既読スルーとはまた違った。

「女がＬＩＮＥを返信するかしないか、何で決まるのかな」

最初萌と出会ったときに一緒にいた智也と、焼肉屋で飲んでいた。

「この前の萌ちゃん？　お前、連絡取ってたの？」

智也が面白そうに笑っている。

男は、恋愛の話を基本的にしない。したとしても表面的なことで、女同士のように、詳細は話さない。それが好きな女性ならばなおさらだ。

「お前、夏休みどうすんの？　どっか行くの？」

智也は萌にまったく興味がないようで、自分がした質問は軽くスルーされていた。そんなものだ。

そういえば、前に会ったとき、萌が京都の夏は美しく、〝五山の送り火〟のときに毎年帰省していると言っていたことを思い出す。

今回は返信が来るのか来ないのか分からないけれど、何となく萌にＬＩＮＥを送った。

〝何度もごめんね。そろそろ京都に帰省かな？　気をつけて帰ってねー。華やぐ夏の京都、俺も行ってみたい！〟

きっとまた既読スルーされるのかな。目の前でジュージューと音を鳴らしながら焼き上がっていく希少部位・サーロインを見つめながら、返信を待つ。

しかし今回は、サーロインの焼き上がりを待つ間もなく、すぐに返信が来た。

〝ありがとうー◈ちょうど明日から帰るよ。でも私、帰省するって、話したっけ？　どこかで見られてる？笑〟

〝見てないよ笑　前に会ったときに、五山の送り火のシーズンに毎年帰省するって言っ

てなかったっけ^^〟

〝そっか！　よく覚えてたね〟

好きな女性の話は覚えている（どうでもいい女性の話は基本的に覚えていないけれど）。

しかしそんなことはさすがに言えない。何と返信して良いのか分からず、とりあえず口の中で溶けるサーロインを楽しんで、気持ちを落ち着かせることにした。

「お前、なに携帯見ながらニヤついてんの。気持ち悪いんだけど（笑）」

智也に突っ込まれても気にしない。

今回は返信があり、しかも少し相手のテンションが高めなのだ。ニヤけるのは仕方ない。

熱帯夜になるとテレビの天気予報で言っていたが、店の外に出ると、その熱気に思わず武者震いするほど暑かった。

しかし、夜空には月が綺麗に輝いていた。

翌日、ソファでくつろぎながら携帯をいじっていると、ＬＩＮＥの着信が入った。まさかの、萌のほうからＬＩＮＥが入ったのだ。

〝今から京都帰りまーす！〟

しかも新幹線のホームと思われる、写真付きだ。

平静を装ってみるものの、これは嬉しい。初めて向こうからＬＩＮＥが来た。

そして次に来た文面を見て、思わず携帯を落としそうになる。

〝京都から帰ったら、ご飯でも行かない☺？〟

三回ほど読み直して、ようやく状況整理ができた。

いつの間にか、萌は心を開いてくれており、そして向こうから乗り気で誘ってきてくれたようだ。

——最初はまったく相手にされていなかったのに……。

ずっとＬＩＮＥを送り続けたのが良かったのか？　しかし、しつこい男はＮＧだとも聞いたことがある。

結局何が萌の心に響いたのか分からないままだが、とりあえず萌のＬＩＮＥに返信を打つ。

〝もちろん！　空いてる日、教えて＾＾〟

Moe
▼
Ryota

「この一文、男性からもらうと好きになる」彼女が落ちたLINEとは？

「萌ちゃんって、本当に可愛いよね」

初対面でそう言い放った亮太さんに、悪い印象はなかった。ただ、特に惹かれたわけでも心が動かされたわけでもない。

——良い友達になりそうだな。

そんなイメージだった。

先輩の真由さんに誘われて顔を出した食事会にいたのが、亮太さん。優しい笑顔に、人の良さが表れている。

顔も悪くなく、意外に鍛えてそうな締まった体つきに大手広告代理店勤務。悪くはない。でも、友達に紹介したら言われる一言は決まっている。

——優しそう、いい人そうだね。

女性のこの言葉は、決して褒め言葉ではないと思う。特段何か褒め言葉が思い浮かばないときに使用する、その場しのぎの言葉。

亮太さんはまさに典型的な、可もなく不可もなく、適度な塩梅の男性だった。女性からすると、この手のタイプの男性は一番何も感じない。だから会話もサラサラと流れていた。

「萌ちゃん、どこ出身？」

東京に出てきて早八年になる。それなのに、たまに関西弁（正式に言うと京都弁で、大阪弁とは違う）がつい出てしまう。

「あ、関西弁出ちゃった。私京都出身なんです。夏の京都は、街が華やいで本当に素敵なんですよ」

何の流れでこの会話になったのかは覚えていないけれど、それほど印象に残っていない一言でしかなかったと記憶している。

そして特にハイライトもないまま、会はお開きとなったが、断る理由もないので社交辞令のようにＬＩＮＥを交換した。

〝昨日はありがとう！　またご飯行きたいな〟

翌日亮太さんから来たＬＩＮＥは、至って普通の、よくあるＬＩＮＥだった。だからこちらも当たり障りのない感じで返信をする。

申し訳ないなと思いながらも、〝またご飯行きたいな〟の箇所には触れないようにした。

正直に言うと、今月は忙しい。でも忙しいと言うのも面倒だし、あえて言い訳がましく説明するまでの仲でもないから。

しかし案の定、（ほかの多数の男性と同じように）亮太さんからのＬＩＮＥは続いた。

〝ちなみに、今週土曜何してる？　よければ一杯飲まない😃？〟

画面を見つめながら、しばらく考える。土曜は、純平という男性とのデートが入っていた。

純平と食事後、二軒目から行けないこともない。純平は外資系証券会社の優良株。見た目はクマっぽいけど、身長が高く英語も話せて、私が公言している好きなタイプと一致していた。

しかし、話がつまらない。

いつも自分の話ばかりで、私が話したことを忘れていることも多い。だから二軒目から、亮太さんのほうに合流してもよかった。

とはいえ、純平とのご飯の場所がどこなのかもまだ分からず、時間も見えていない。

結局考えるのが億劫になり、そのまま返信は何となく放置する（結果として、これは既読スルーと言うのかな……）。

しかしそんな感じでこちらから返信をしなくても、亮太さんはたまにＬＩＮＥをくれた。毎回ではないけれど、返信できるタイミングで何となく返信する。

ＬＩＮＥのやり取りは続いていたけれど、まだ〝大多数の中の一人〟でしかない。しかしＬＩＮＥを何度か受け取るうちに、彼の人の良さにホッとしている自分がいた。

亮太さんの真面目さと誠実さがひしひしと伝わってきて、返信はせずとも微笑ましくＬＩＮＥを見つめる。

「萌、なに携帯見ながら笑ってるの？」

目の前に座る純平の一言でハッと我に返った。亮太さんには家にいると送ったが、本当は真っ赤な嘘。

六本木の『ＴＵＳＫ』で純平と飲んでいた。

「ううん、何でもないよ。ところで、私来週土曜から京都に帰るから」

「そうなんだ。Ｈａｖｅ ｆｕｎ（楽しんで）」

純平の会話に、たまに混じる英語を聞くのが私は好きだった。

このときまでは。


その日は、前から行きたかった『京料理　と村』に純平が連れていってくれる予定だった。店の上品な雰囲気に合うよう、夏らしい白のワンピースでお店に向かう。

近年多いフュージョン系ではなく、素材のうまみを最大限に引き出すシンプルな和食。このお店に来ると、毎回和食の真髄を感じずにはいられない。

「やっぱり美味しいなぁ。和食は京都に限ると思っていたけれど、東京には本当に良いお店がたくさんあるよね」

そんな、何気ない会話だった。

「そう？　京都より俺は東京のほうがうまい店多いと思うけど」「だから言ったでしょ？　東京には良いお店が多いって」

相変わらず、人の話を聞いていない純平に若干の苛立ちを覚える。いつものことだと思い、話題を変えようとしたが、それは逆効果だった。

「そういえば、萌、来週は何してるの？」

「いや、だから……明日から帰省するって、この前話さなかった？」

何度も繰り返すこの会話に嫌気がさし、鞄《かばん》の中に入れてあった携帯を見る。ちょうど、LINEが一通入っていた。

〝何度もごめんね。そろそろ京都に帰省かな？　気をつけて帰ってねー。華やぐ夏の京都、俺も行ってみたい！〟（1）

ぎゅっと締め付けられていた、刺々《とげとげ》しい気持ちが和らいでいく。亮太さんの思いやりが詰まった一文。この一文に、彼の良さがすべて表れている気がした。

しかし、なぜ私が帰省することを知っているのだろうか？

〝前に会ったときに、五山の送り火のシーズンに毎年帰省するって言ってなかったっけ^^〟（2）

自分でも、忘れていた。そんなこと、いつ言ったのだろう。

でも前回、亮太さんに会ったときに言ったに違いない。

——そんなことを覚えてくれているなんて……。

女は、生まれたときからお喋りが好きな生き物なんだと思う。

女の勝手な願望かもしれないけれど、男性、特に一番近い人には自分の話を聞いてほしい。少しでも、話したことを覚えていてほしい。

隣に座る純平が途端に色褪《あ》せて見える。何気ない会話を覚えてくれており、そして出発前に連絡をくれた亮太さん。

もっと、彼のことを知りたい、会いたい。咄嗟にそう思った。


翌日、品川駅から新幹線に乗り、実家へと向かう道中で、気がつけば亮太さんにLINEを送っている自分がいた。

そして、この一文も。

〝京都から帰ったら、ご飯でも行かない🙂?〟

携帯を胸にあて、顔を上げる。

新幹線の車窓からは、ちょうど富士山が綺麗に見えた。

POINT

Q1 彼女からの返信にムラがあるのはなぜ？

A1 女の気分は日によって変わる。既読スルーもそのときの気分次第

Q2 乗り気ではなかった相手なのにまさかの大逆転。一体何が功を奏した？

A2 女は自分の話を覚えてくれている人が好き。一文で判明する人間性に心が動かされる

答えあわせ

何度もごめんね。そろそろ京都に帰省かな？気をつけて帰ってねー。
華やぐ夏の京都、俺も行ってみたい！

既読
19:24

ありがとうーちょうど明日から帰るよ。でも私、帰省するって、話したっけ？
どこかで見られてる？笑

19:25

1

ちょうど目の前の男性に嫌気がさしてきたタイミングでこのLINE。彼の良さをしみじみと感じることができた。

見てないよ笑　前に会ったときに、五山の送り火のシーズンに毎年帰省するって言ってなかったっけ^_^

既読
19:26

そっか！
よく覚えてたね

19:32

2

「そんな何気ない会話を覚えてくれていたんだ！」。圏外から一気に気になる存在へ。

翌日

今から京都帰りまーす！

11:08

11:08

おぉ、行ってらっしゃい！
楽しんできてね。

既読
11:08

ありがとう

11:09

京都から帰ったら、ご飯でも行かない？

11:09

Case 12

Chisa ▼ Kazuki

「少し時間をおいて、返信する」じらしテク。女の恋愛バイブルは正しいの？

――今恵比寿で飲んでるんだけど、独身のいい男がいるからおいでよ！

水曜日の21時。女友達の春香から突然の呼び出し電話を受け、カジュアルにスペイン料理が楽しめる『恵比寿18番』へ向かった。

そこにいたのが、和樹だった。

「私の親友・千沙です」

春香から紹介され、和樹の隣の席を勧められる。元々商社におり、今は自分でアパレル関連の会社をしているという和樹は焼けた肌に、白いTシャツがとても似合っていた。

「ごめんね、突然呼び出して。今日何してたの？」

和樹の問いに、「仕事をしてました」と答える（本当は慌てて化粧を直し、一瞬家に帰って着替えていた）。

「遅くまで仕事お疲れさまだね。千沙ちゃんって、仕事できそうだよね〜。話し方もハキハキしてるし」

和樹の無邪気な笑顔に見つめられ、どきりとする。

——顔良し、性格良し、経済力あり。

やはりもつべきものは、人脈のある友達だ。春香に改めてお礼しなきゃと思うくらい、和樹は素敵な人だった。

「今、彼女募集中なんだ。千沙ちゃんのように、サバサバしてる姉御肌系の人がいいな」

帰り際にそう一言を言い放った和樹に、胸が高鳴る。そして帰宅後、和樹からＬＩＮＥが入っていた。

〝千沙ちゃん、今日はありがとう☺よければ、またご飯行かない？〟

携帯の画面を見つめながら、何かが始まる予感がした。

今すぐにでも〝ぜひ行きましょう♡〟と返信したい気持ちを抑え、少し考える。

——男性をその気にさせるなら、即レスは禁止。

多くのマニュアル本に書いてある、ＬＩＮＥのやり取りの基本中の基本ルールだ。

うっかり既読にしてしまったが、すぐに返信するとこちらが和樹からのＬＩＮＥを待ちわびていたように思われる可能性が高い。

翌朝送っても良かったが、仕事でひと休憩しているであろう、昼休みの時間を狙って送ることにした。

〝昨日はありがとうございました☺ぜひまたお食事でも行きましょう♬〟

――昼休みに、一息ついたあたりで、ＬＩＮＥをもらったら嬉しいはず。

和樹からの返信はすぐに来た。とはいっても、今回はすぐに既読マークをつけないよう、携帯のロック画面で、ＬＩＮＥを確認する。

〝是非ぜひ。空いてる日、教えて！〟

和樹の前のめりな姿勢に、思わず口角が上がる。男性は分かりやすいから、自分のことを気にしているか否か、態度で分かる。具体的な日程を聞いてくる時点で、私のことが気になっている証拠だ。そしてもちろん、こちらもしばらく置いてから返信する。

しかしその間に、春香とのＬＩＮＥのやり取りは急ピッチで行われていた。

和樹から誘われたことを報告し、逆に春香からは和樹のバックグラウンドなどの情報が矢継ぎ早に入ってくる。女同士のＬＩＮＥは面白く、スピーディーに進む。

そんな春香との鬼ＬＩＮＥの合間に、もう一通、和樹からＬＩＮＥが入った。

こちらはすでにＬＩＮＥのアプリを開いてしまっている状態のため、ＬＩＮＥのホーム画面で確認する。しかし文章が長いので、開封しないと何が書いてあるのか分からない。本当はもう少し時間を置いてから既読にしたかったが、仕方がない。

〝ちなみに、俺は来週だと接待続きのため、平日が厳しくて……💔週末以降で予定もらえると嬉しいかも＾＿＾〟

どのように返すべきか、頭の中で計算する。正直に言うと、今週末は確か予定が空いている。しかし暇な女だと思われるのも嫌だ。「なかなか会えない、忙しい女性のほうが男性は追いかけたくなる」と、これも何かの本で読んだ記憶がある。

――簡単に落とせる女よりも、苦労して手に入れた女のほうがずっと愛される。

そんな一文を思い出し、和樹には再来週の日程を送った。

〝すみません、ちょっと予定が詰まっていて💧再来週の週末なら空いてます😊✨〟

追わずに、追わせるのが愛され女の極意。

忙しいと思わせ、〝あなたからのＬＩＮＥなんて待ちわびていません〟と見せる。

〝そっか、そしたら再来週の土曜にしよう！　場所はまた連絡するね！〟

作戦は、功を奏したようだ。和樹とのＬＩＮＥのやり取りを見返して、思わず職場でふふんと鼻が鳴ってしまった。

和樹に指定された『サッカパウ』は前から気になっていたお店だった。クリエイティブ・イタリアンと呼ばれる斬新で美しい品々。女性ならば嫌いな人はいないだろう。

店内に入ると、広々としたメインカウンターに目を奪われる。

「ここ、ずっと来てみたかったんです。さすが！」

興奮を抑えきれずにカウンター席につく。それと同時に、テーブルの上に置いた携帯の画面に、ＬＩＮＥの着信が表示された。

春香からだった。〝今日のデートを報告しろ〟と言ってきており、気になって仕方がない様子だ。

「ごめんなさい、春香からだ。一通だけ、返信してもいいですか？」

もちろん、と言う和樹の言葉に甘え、春香に手短に返信を打つ。

「千沙ちゃん、忙しそうだね」

「おかげさまで、忙しくて……。予定も、なかなか合わなくてすみません」

シャンパングラスを傾けながらそっと微笑んだ。本当は時間があったなんて、和樹には言わない。女には、嘘が必要なときもある。

「千沙ちゃん、どれくらいの間、彼氏いないんだっけ？」

痛いところを突かれ、思わず返答に困ってしまった。デートしている人はいたものの、正式に〝彼氏・彼女〟の関係だったのはいつだろうか。

たぶん二年間くらいオフィシャルな彼氏はいない。けれども、二年もいないと言うと、大概周囲に驚かれ、そして引かれる。

だから決まって、この質問には言葉を濁すと決めていた。それに、ミステリアスなほうが、男性はもっとその女性を知りたくなる。

「うーん、一年以上かなぁ……和樹くんは？」

「俺は三年くらいいないよ」

私の曖昧な返事とは対照的に、和樹の返答は潔かった。でもきっと、モテる彼のことだ。オファーはたくさんあるに違いない。

「どんな人がタイプなんですか？」

「前に言ったじゃん（笑）。千沙ちゃんみたいな、姉御肌っぽくてサバサバしてる人。天然系とか、〝構ってちゃん〟が苦手なんだよね」

分かる分かると頷きながら、これは遠回しに好きと言われているのだろうか？　と頭の中がプチ・パニックに陥る。

前に会ったときも、和樹はそんなふうに言ってくれた。今回も、タイプは私のような人だと言ってくれている。

――ここまま、流れに身を任せてみようかなぁ……。

照れ隠しに、シャンパンをぐいっと一気に飲み干した。隣で、和樹が笑っていた。

お店を出ると、じっとりとした夏の熱気に全身が包まれた。夏の情事も悪くないかも、なんて思っていたが、明日が早いということでお開きになってしまった。

呆気なさと、もう少し一緒にいたかった気持ちを抱えながら帰路につく。

〝今日はありがとうございました！　すごく楽しかったです😃またご飯行けたらいいな✨〟

〝こちらこそ、今日は楽しかった！　また行こうね〟

デート後のありふれたLINE。しかしこの会話が最後の会話となった。前のめりだったはずなのに、和樹から連絡は一切来ない。

――〝愛され女〟になるはずだったのに……。

追わせるつもりが、いつの間にか追っている。

最初は、明らかに向こうが乗り気だったし、LINEのやり取りもうまくいっていた。何度もLINEを開いては、待ちわびている自分がいる。

Kazuki

▼

Chisa

彼への返信、ベストなタイミングは？女の恋愛バイブルは、間違いだらけ

飲み友達の春香から、「可愛い友達を紹介したい」と言われたのが千沙との出会いだった。

女の〝可愛い〟は、基本的に信用していない。

「可愛い（けれど自分のほうが可愛い）でしょ？」か、「私の友達可愛いから（そんな友達がいる、私♡）」のような場合がほとんどだ。

でも、春香から紹介された千沙はその言葉通り、可愛かった。

21時の突然の呼び出しでも来てくれるフットワークの軽さ。話も面白いし、今まで仕事をしていたという千沙に、好感をもった。

前の彼女が、依存心が強すぎる子だったため、次に付き合うのは自立しており、頼れる姉御系が良いと思っていた。

千沙は見た目とは裏腹にハキハキしており、しっかりしている。これはアリだ。

「和樹さんは、彼女はいらっしゃいますか？　どんな子がタイプですか？」

「今、彼女募集中なんだ。千沙ちゃんのように、サバサバしてる姉御肌系の人がいいな」

本音だった。千沙のような女性は結構タイプで、できることならもっと知りたいと思う。

だから帰宅後、すぐにＬＩＮＥを送った。

すぐに既読になる。だから、すぐに返信が来ると思っていた。

しかし、翌朝起きても、千沙から返信は来ていなかった。

――俺、なんか悪いことしたのかな……。

自然に誘っただけなのに、返信が来ない。良い気分ではなかった。そして妙な胸騒ぎが胸をかき乱す。

――あれ、千沙も面倒くさい……？

一体誰が言い始めたのか分からないが、女性の中には〝わざと〟返信を遅らせ、送ってくる人がいる。本人たちは良かれと思っているのかもしれないが、男性側からするとあれはただ面倒くさい。

本当に忙しいならば仕方のないことだが、明らかに〝計算して〟遅くしているようなＬＩＮＥは、すぐに分かる。

とりあえず放置して昼のミーティングをしていると、千沙からようやく返信が来た。（1）

返信するもまた、しばらくの沈黙。

こちらはテンポよく返しているのに、どうもタイミングが合わない。

昼休みを考慮してこの時間にしたのか分からないが、自営業のため、昼休みなんて関係ない。24時間返信するし、逆に昼はランチミーティングが入ることが多い。

打ち合わせの相手がお手洗いに行った隙に、懲りずにもう一通送ってみた。

向こうも仕事中なら仕方ないが、立て続けに送った文面も、すぐに既読にはなったものの、妙な間が空いている。

〝すみません、ちょっと予定が詰まっていて💦再来週の週末なら空いてます😊✨〟

提示された予定の日は、だいぶ先だった。

忙しいんだな……そう思うと同時に、そんなに遊んでるのか!?　とも思う。忙しいといえども、一般人で、二週間連続、毎晩予定が詰まっていることがあるのだろうか。（2）

こっちだって、忙しい。自分で会社を経営している以上、やるべきことは山積みだ。だんだんと千沙に対する熱が冷めてきている自分がいた。

店は、西麻布にある『サッカパウ』にした。

以前接待で連れてきてもらったのだが、そのときに食べた「イカスミのタリオリーニゲソのラグーソース」が忘れられなかったのだ。スタイリッシュな雰囲気と、独創的なイタリア料理の品々。女性とのデートに、最適な店だ。

「ここ、ずっと来てみたかったんです。さすが！」

嬉々とした顔で席に着く千沙を見て、この店にして良かったと思う。しかしいざ乾杯しようと思ったとき、千沙の携帯が鳴った。春香からだった。

「いいよ、返信しなよ」

すみません、と言いながらすぐに返信を打つ千沙を見て、違和感を覚える。

自分とのＬＩＮＥは、無駄にタイムラグがある。返信が、遅い。

それなのに、今目の前に座る千沙は春香に対して即レスだ。

「千沙ちゃん、忙しそうだね」

「おかげさまで、忙しくて……。予定も、なかなか合わなくてすみません」

予定のことを言ったわけではなかった。無駄に返信まで時間があるのは、忙しいからかと思っていたが、やはりそうではなかったようだ。

「千沙ちゃん、どれくらいの間、彼氏いないんだっけ？」

春香から、千沙は二年くらい彼氏がいないと聞いていた。しかし、目の前に座る千沙からは、想定外の答えが返ってきた。

「うーん、一年以上かなぁ……和樹くんは？」

「俺は三年くらいいないよ」

別に彼氏がいないなら〝いない〟と、ハッキリ言えばいい。これも女性に多い傾向だが、彼氏がいないのにわざと曖昧に返事をしてくる人がいる。

謎めいた女性のほうがモテるとでも思っているのだろうか？

「彼氏いるかどうか、どちらだと思います？」なんて答える女性が一番最悪で、面倒である。

もう30代。十分いい大人だ。恋愛にすべてをささげられるような10代ではない。大人の恋に、無駄な駆け引きなんていらないのではないだろうか？　好きなら好き、嫌いなら嫌いだとハッキリ言ってくれる人のほうが一緒にいて楽しいし、お互いの信頼関係も築ける。

年齢が上がるにつれ、無駄に計算高くなってしまうのは、悲しいことだ。

ペアリングで出てくるオーガニックワインと、料理のマリアージュを楽しみながら、付き合うならば素直で、スムーズに進む子がいいなと考える。

ディナーが終わり、二軒目には行かずに解散した。

家に帰ると、千沙からＬＩＮＥが入っていた。もちろん、返信をする。食事した当日なのに、途端に邪険に扱うようなことはしない。

でも、こちらから連絡することはもうないだろう。**（3）**

男だって、暇じゃない。無駄な駆け引きに付き合わされている暇はない。

感情をストレートに伝えてくれて、ＬＩＮＥもスムーズに続くような子が、男から愛される。

――千沙が、もっと素直だったらアリだったのに……。

大人になった今、皆恋愛を無駄にこじらせていると、改めて思わずにいられなかった。

POINT

Q1 〝気になる人からのＬＩＮＥは即レス禁止〟が基本ですよね？

A1 バレバレのじらしテクは冷めるだけ。無駄な計算はいらない

Q2 ミステリアスな女がモテるから。「彼氏いるの？」と聞かれたらはぐらかす？

A2 素直に、ストレートに言ってくれる女性が愛される

答えあわせ

食事会後

千沙ちゃん、今日はありがとう😊よければ、またご飯行かない？
0:09

昨日はありがとうございました😊ぜひまたお食事でも行きましょう♬
既読 12:15

1
返信が遅いのはたまたまか、わざとか。わざとだとしたら、面倒くさいタイプなのかも、という疑念が……。

是非ぜひ。空いてる日、教えて！
12:18

ちなみに、俺は来週だと接待続きのため、平日が厳しくて…週末以降で予定もらえると嬉しいかも^_^
12:28

すみません、ちょっと予定が詰まっていて再来週の週末なら空いてます😊
既読 13:27

2
こちらは即レスしているのに。なんかタイミングが合わないと感じ始めた。しかも、そんなに予定が詰まってるって、もしかして遊びまくってるってことか？

そっか、そしたら再来週の土曜にしよう！場所はまた連絡するね！
13:28

デート後

今日はありがとうございました！すごく楽しかったです😊またご飯行けたらいいな
既読 0:06

こちらこそ、今日は楽しかった！また行こうね。
0:07

3
もうこちらから連絡することはないと心に決めている。

Case 13

Yu

▼

Sakura

「元気？」突然来た元カノからの連絡。これって何のサイン？

〝ゆう君、元気？〟

会議中に突然来た、元カノ・さくらからのＬＩＮＥ。

それを見た瞬間、彼女との思い出が走馬灯のように蘇る。何と返信を打って良いか分からない自分がいた。

さくらとは三年ほど前に別れた。原因は、結婚観の違い。

アラサーの恋人同士なら一度は通る道かもしれないが、当時31歳で仕事が楽しくて仕方がなかった僕には、結婚はまだ先の話だった。

一方のさくらは二つ下で、当時29歳。30代になる前の駆け込み婚ラッシュで、本人も焦っていたのだろう。

彼女は、どうしても結婚したかった。

でも、僕はまだ決心がついていなかった。

結局三年付き合っていたが、呆気なく破局。どんなに愛し合っても、結局女性は結婚しないと納得してくれないのかと、身をもって感じた。

そして僕と別れてたった半年後。彼女は結婚した。

しかも10歳くらい年上の、投資家だという。その乗り換えの早さに驚くと同時にショックを受けたのは言うまでもない。

そこから僕はまだ独身。一方のさくらは、素敵な旦那と幸せいっぱいのはずだ。

しかし突然来たこのＬＩＮＥは、一体何を意味するのだろうか？　戸惑いながら、返信を打つ。

〝おお、久しぶり！　元気だよ。さくらは元気？〟

〝そっか、元気そうなら何より😊✨最近どう？　相変わらず忙しいのかな？〟

まるで時間など経っていないかのごとく、サラサラと続く文章。戸惑っているのはどうやら僕一人だけらしい。

頭の中で状況を整理しようと思っても、こういうときに限って頭は働いてくれない。流されるままに、返信を打つ。

〝うん、まぁ相変わらずだよ。さくらは？　結婚したんでしょ？〟

〝数年前にねー。久しぶりに会いたいね！〟

時計にチラリと目を向ける。

——15時55分。

酔っ払うにはまだ早い時間だ。別れてから、しばらくＬＩＮＥが続いていたならばまだ分かる。付き合っていた恋人と、友情関係になる人もいるだろう。

でも僕たちは、仲良しこよしの友達関係になんて、なっていなかった（正確に言うと、なれなかった）。風の噂で相手のことを聞くくらいで、ましてやＬＩＮＥなんて、別れてから一度もしていない。

最後にＬＩＮＥをしたのは、僕の家に置いてあったさくらの化粧品をどうする？　みたいな会話だった気がする。

大きく深呼吸をし、返信は少し考えることにした。もちろん、会議の内容なんてまったく耳に入ってこなかったけど。

何と返信をすれば良いのか分からないまま、気がつけば数日経ってしまった。

あのとき結婚を拒んだものの、最近家庭がある友達を羨《うらや》ましく感じるときがある。気がつけば周りは皆、家庭をもち始めており、休日に遊べる友人も減ってきた。何より独身も飽きてきた。

「あのとき、結婚してれば変わったのかな」

今さら〝もしも〟なんて言っても仕方がないことは分かっている。それでも、突然来たさくらからのＬＩＮＥに、自分の中で〝もしも〟を唱えずにはいられなかった。

そんなことばかり思い浮かべていると、またさくらからＬＩＮＥが入った。

〝何度もごめんね。忙しいかな？　もし厳しかったら無理しないでー　でも、久しぶりにゆう君に会いたくて〟

最後の一文を、何度も読み返す。

――久しぶりに、会いたくて。

意を決し、返信を打った。

久しぶりの再会にふさわしい店はどこだろうかと散々考えた挙句、広尾にある『然（ｓａｂｉ）』にした。

この店なら雰囲気も良く、カウンター席の目の前にある囲炉裏で料理を楽しみながら、ゆっくりと会話ができる。

いきなり個室よりも、オープンに会話を楽しめつつそこまで席数が多くない、半個室のような店が最適だと思った。

「相変わらず、ゆう君は素敵なお店をたくさん知ってるね」

久しぶりに再会したさくらはすっかり〝妻の顔〟になっていた。

前はどこか不安げな、どこか壊れてしまいそうな脆《もろ》さが垣間見られたが、今はすっかり、目に見えぬ優しいオーラに包まれている。

でも、付き合っていた当時の可愛さは残ったままだった。そのまま素直に口にすると、さくらは嬉しそうに微笑んだ。

「ゆう君は今も独身なの？　結婚は？」

「してないよ。見ての通り、仕事ばかりしてるよ」

「ふぅ～ん。それって、私が忘れられないってことかな？」

ケラケラと笑いながら、囲炉裏の上にのったブイヤベースを見つめるさくらに懐かしさを覚える。そうだ、さくらはこうやって、無邪気に笑う女性だった。

――旦那とどう？　うまくいってる？　今、幸せ？

聞きたいことは山ほどあるのに、妙な男のプライドが邪魔をし、世間話や思い出話ばかりしてしまう。

――何で急に連絡してきたの？

結局、一番聞きたかったこの質問が聞けないまま、食事は終わった。最後に軽いハグをしたとき、ふんわりと、懐かしい香りが体を包んだ。

その残り香が忘れられない翌日、さくらからお礼のＬＩＮＥが入っていた。

“昨日はありがとう✨すごく楽しかったし、久しぶりにゆう君に会えて嬉しかったよ☺

相変わらずカッコよくて、何か安心しちゃった❤”

でも結局、その後さくらから連絡は来なかった。

何を期待していたのかは分からない。けれども、妙な寂しさと悶々《もんもん》とした気持ちだけが残ったのは僕だけなのだろうか。

なぜこのタイミングで急に連絡をしてきて、ご飯に行ったのか。一体何を求めていたのだろうか。

読めない女心に、思い出を重ねあわせていた。

Sakura ▼ Yu

いい女って言われたい。トキメキを忘れた女の悪戯

女友達・千沙と『ザ・カフェ　ｂｙアマン』でお茶をしていたとき、突然話題にのぼったのが、三年ほど前に付き合っていた彼・ゆう君だった。

「さくら、最近ゆう君と連絡取ってる?」

「私が結婚して以来、一回も取ってないよ」

「そうなんだぁ。実はこの前偶然、街で見かけたんだけど、会社辞めて独立したらしく、

さらにカッコよくなってたよ」

ゆう君とは三年間付き合って、別れた。

原因は、向こうに結婚願望がなかったから。当時私は29歳で、どうしても結婚したかった。

——29歳で三年間付き合っていれば、結婚は当たり前。

そんな女子の常識を打ち破られるかのごとく、ゆう君は仕事に夢中で、結婚なんてまるで眼中になし。

そんなゆう君にしびれを切らして、私は見切りをつけた。そして〝結婚できそうな〟今の旦那と結婚した。

優しいし、ある程度余裕のある暮らしができるほどの稼ぎもある。

旦那に表立った不満はない。だけど、元々大恋愛で結婚したわけでもない。そして結婚して三年も経てば、トキメキなんて皆無だ。

女として、恋愛にすべてをささげていた時代がふと懐かしくなり、気がつけば、ゆう君にＬＩＮＥを送っていた。（1）

女性にとって、元彼とは不思議な存在である。

時として、昔自分を愛してくれた人の存在は、自分の自信に繋がる。そのうえ、元彼が素敵な人であればあるほど、自分の地位も上がる気がする。

「ゆう君は、さくらのこと本当に大好きだったよね……。まだ独身みたいだし、忘れられないのかな？」

千沙の言葉の一語一句が、私の心にすっと染み込んでいく。

「そんなことないでしょー。もう三年も経ってるんだよ」

紅茶を飲みながら、口角が上がっていくのを感じた。口では否定してみるものの、まんざらでもない自分がいる。

「男性は、一度好きになった女性のこと忘れられないって言うしね。女性はすぐ次に進むけど」

『ザ・カフェ　ｂｙアマン』の夏のテラス席で、新緑の木々の間から吹き抜ける心地よい風に、すっぽりと体が包みこまれるのを感じた。

「でも分からないよ。返信が来ないかもしれないし」

降り注ぐ太陽を見上げながらそう言ってみたものの、ゆう君からの返信は想像以上に早く来た。

〝**おお、久しぶり！　元気だよ。さくらは元気？**〟

久しぶりに来たＬＩＮＥは相変わらず絵文字も何もなくて、思わず笑ってしまった。

でも表面上はそっけないけれど、実は愛情深くて優しいことを、私は知っている。

返信が来るということは、拒絶されているわけでもなさそうだ。懐かしくて、そのままLINEを続けた。

〝最近どう？　相変わらず忙しいのかな？〟

〝うん、まぁ相変わらずだよ。さくらは？　結婚したんでしょ？〟

〝数年前にねー。久しぶりに会いたいね！〟

結婚して三年。元彼という存在は、トキメキを忘れかけている自分に最適な相手だった。今からまた新たな出会いを探し求めるのは億劫だ。何より、今の生活を壊したいなんて気持ちは毛頭ない。

その点、以前燃え上がった相手である〝元彼〟は気心も知れてるうえ、気軽に会える。そこで何か行動を起こすわけではなく、ただ自分を女として見てほしいだけ。

大好きだと言ってくれていた人に会うことで、女としての自信が復活する気がした。しかし、会いたいと送ったきり、ゆう君からの返信が途絶えてしまった。このままでは、自分の中で自信に繋がるどころか、逆効果だ。

だからもう一度だけ、〝会いたくて〟と送ってみた。（**2**）

〝いいね。久しぶりにご飯でも行こうか〟

返信を見て、思わず胸が高鳴る。

久しぶりの、デート。何を着ていこうかしら。

ゆう君が指定してきたお店『然（ｓａｂｉ）』は、ゆう君らしいセレクトだった。

ちょっと艶やかさもありつつ、でも囲炉裏があって落ち着く店内。

魚介のブイヤベースを囲炉裏で食べられたり、出てくる料理もしっかり楽しめた。

「相変わらず、ゆう君は素敵なお店をたくさん知ってるね」

「そうかな？　久しぶりに会うし、店選び結構緊張したんだけど」

眩《まぶ》しそうに私を見つめる視線が、昔から変わっていない。その変わらぬ眼差しを見て、私の心はまた、満たされていく。

「さくらも、変わったような、変わってないような。でも相変わらずいい女だね」

海外育ちのゆう君は、昔からストレートな褒め言葉を投げかけてくれる。

最近、夫からはなかなか言ってもらえない言葉の数々。今の私には、そのくすぐったいほどの真っ直ぐな言葉が嬉しかった。

そして、そんな言葉を欲していたことに気がつく。

――ねぇ、私まだ女として魅力的かな？

聞きたかった一言は、永遠に聞けなかった。でも、それで良かった。

ゆう君に会い、丁寧に扱われ、女としてまだ大丈夫だと確認したかっただけなのかもしれない。

これが、本音だった。

私が昔付き合っていた人は、今も素敵で、私のことを特別な目で見てくれる。その眼差しを感じ、そして存在を認められた気がしただけで、十分だった。（3）

結局、そこから連絡はしていない。

でもきっとまた、何か愛情を確認したくなったときや、自信を失いかけたときに私はまた、ゆう君に連絡するだろう。

「ありがとう、ゆう君」

そっと携帯を胸にあて、静かに微笑んだ。

POINT

Q1 突然来た元カノからのLINE。これって何のサイン？
A1 幸せな人妻が元彼に連絡をするのは、自分の中で〝女〟を再認識したいとき
Q2 元カノが「会いたい」と言うとき。それは何を意味する？
A2 「今も自分は女として大丈夫」と確認したい

答えあわせ

1

恋愛にすべてをささげていた時代が懐かしくなって、LINEを送ってみた。

ゆう君、元気？
15:44

おお、久しぶり！元気だよ。
さくらは元気？
既読
15:45

そっか、元気そうなら何より最近どう？相変わらず忙しいのかな？
15:47

うん、まぁ相変わらずだよ。
さくらは？結婚したんでしょ？
既読
15:48

数年前にねー。
久しぶりに会いたいね！
15:55

何度もごめんね。忙しいかな？
もし厳しかったら無理しないでーでも、久しぶりにゆう君に会いたくて。
19:18

2

会いたい＝昔大好きだと言ってくれた人に会うことで、女としての自信を取り戻したい。

いいね。久しぶりにご飯でも行こうか。
既読
19:27

再会後

昨日はありがとうすごく楽しかったし、久しぶりにゆう君に会えて嬉しかったよ
相変わらずカッコよくて、何か安心しちゃった
10:33

こちらこそ。また何かあったら連絡して。
既読
10:34

ありがとう！またご飯行こうね
10:35

3

女としてまだまだ大丈夫だと分かったので「ありがとう」。愛情を確認したくなったときや、自信がなくなったときに「またご飯行こうね」。

Case 14

Yuta

▼

Yuki

食事後「楽しかった！　またご飯行こう」で態度急変したのはなぜ？

食事会が終わってから、いつも悩むことがある。

いつ送るか、何と送れば良いのか。

今日の食事会でも気に入った子がいたのに、結局次に進めない自分がいた。

渋谷にあるＩＴ系の会社に勤める由紀は、肩下でゆるく巻いた髪がよく似合う、ナチュラル系の美人だった。

男は会社の先輩後輩計三名。女性のほうも、皆同じ会社だという。

「なんか、みんな似てるよね」

類は友を呼ぶという言葉があるように、女性陣は皆似ていた。

今年の流行なのか、明るい色の膝下丈くらいのスカートに、トップスは白。まるで揃えたように（よく見れば微妙に違うと思うが）同じような服装だった。

「えー全然違うのに」

似ているような三人の中でも、少し口を尖らせながらも笑う由紀が僕はタイプだった。

「由紀ちゃんは、どこ住んでるの？」

「目黒だよ。裕太さんは？」

「うっそ。俺も目黒だよ。近いじゃん！　あのお店、知ってる？」

目黒に住んでいて良かった……そう心の中で叫んだ。同じ話題があるのももちろんのこと、この後一緒にタクシーに乗れる可能性も高まる。

「ＬＩＮＥ交換しない？　目黒の美味しい店、教えてよ」

「もちろん♡　でも裕太さんのほうが詳しそう！」

タクシーに乗ったら、次の約束までできるかも……しかしそう思っていた僕の淡い期待は、その後見事に砕け散る。

由紀の友達・奈美も方向が一緒だと言い始め、結局、由紀を先に降ろしてから、奈美を送る羽目になってしまった。

家に着くと速攻で奈美からお礼のＬＩＮＥが入っていたので、一応当たり障りのない返事をする。

しかし肝心の由紀からは何も連絡がない。待ちきれなくて、こちらからＬＩＮＥを送る。

〝今日はありがとう！　とっても楽しかったよ。また今度ご飯行かない？〟

送ってから数分後に、由紀から返信が来た。

〝今日はご馳走さまでした✨美味しかったし、楽しかったです😊❤〟

だいぶ会話は盛り上がったのに、律儀に敬語口調なのもまた由紀の良いところだろう。

〝また時間あるとき、教えて！　話してたお店、一緒に行こう！〟

〝そのお店、すごく行きたいです✨楽しみにしてます❤〟

結局この日のＬＩＮＥは深夜遅くまで続いた。出会ったばかりだけれど、妙に気が合う由紀。彼女のことをもっと知りたいと思った。

最近、女性を誘って食事に行き、デートをするという行動に疲れてきた自分がいた。

――無駄なデートはもう、十分。

本当に大切にしたいと思える女性と、ゆっくり向き合っていきたいと思うようになっていた。


「中岡さん、この前どうでした？　由紀ちゃん、家まで送りました？」

週明けに、会社の廊下で会の主催者でもある純平がニヤつき顔で話しかけてくる。

「それがさ、奈美ちゃんも家の方向が一緒で。結局、みんなを無事に送り届けて帰ったよ」

「本当、中岡さんてそういうとこあるよなー。妙に律儀というか、みんなに平等というか」

純平に痛いところを突かれ、何も言えなくなる。昔から姉に鍛えあげられたせいか女性に対しては（誰に対しても）優しく接するマインドがある。

「で、次のデートはいつなんです？　ちゃんと誘ってあげてくださいね」

純平に急かされ、由紀にLINEを送ってみた。

〝由紀ちゃん、お疲れ！　仕事中かな？　今度の土曜日、ご飯行かない？〟

〝いいですね～✨ぜひ行きたいです😊✨〟

こうして、由紀とデートまではこぎつけた。

『ラ メゾン ダミ』は目黒駅東口から徒歩数分なのに、喧騒から離れて温かい光を放っている店だ。

実は何度か来ているが、店員さんの感じも良く、目黒で通いたくなる店の一つだった。

「わぁ、こんな所にこんなお店があったなんて！　素敵なお店ですね」

アットホームな店内は、今日も賑わっている。

「ここの鯖のマリネが絶品なんだよ」

そんな会話から始まった二人のデートだが、会話は弾んでいた。

「由紀ちゃんの出身地は？　へぇ、名古屋なんだ。やっぱり味噌カツとか好きなの？」

そんなとりとめのない会話が楽しかった。由紀の出身地や出身校、今の会社のことや、友達のこと。何も特別なことはないのだけれど、時間はどんどん過ぎていく。

「由紀ちゃんって、絶対モテるよね」

可愛らしい顔に細い脚。話し上手だし、仕事も頑張っている。モテる女性が放つ特有のオーラも備わっていた。

「えー、そんなことないですよぉ。裕太さんも、でしょ?」

褒められて、嫌な思いをする男はいない。ニヤニヤしていると、続いて由紀から質問が飛んできた。

「裕太さん、カッコイイし人気ありそうだからなぁ……。そういえば、この前奈美も送ってくださりありがとうございました」

一瞬何のことかと思ったが、前回一緒にタクシーに乗った際、由紀を降ろしてから奈美を送った。きちんと送り届けたのか気になっていたのだろう。

「ちゃんと無事に送っていったよ」

「裕太さん、本当に優しい♡　ありがとう」

「またみんなでも飲みたいね」

この日も由紀は終始上機嫌で、美味しい食事とワイン、そして楽しい会話で夜は更けていった。

翌日も由紀とのＬＩＮＥのやり取りは続く。

〝また今度ご飯行けると嬉しいな^^　次はいつ空いてる?〟

ここまでは、順調そのものだった。次のLINEが来るまでは。

〝来週火曜とかどうでしょう。友達も誘っていいですか？〟

LINEを見て、思わず手が止まる。

――友達も一緒？

別に構わないが、女性の〝友達も誘いたい〟という意味は、〝あなたと二人では行きたくない〟と同等の意味をなすことくらい、知っている。

せっかく二人でデートに行き、盛り上がり、良い感じだったのに……。

いつ、粗相をしたのだろうか？　iPhoneに問いかけても、何も答えてはくれなかった。

Yuki ▼ Yuta

これってコピペ？　男性からのLINE、スクショで情報共有する女たち

裕太さんと出会ったのは、同僚の奈美に人数合わせのために誘われて参加した、食事会

の席だった。

私の会社は同期が仲良く、また可愛い子が多いとも評判の会社だ。その中でも特に仲の良い私と奈美だが、大概の女性たちより可愛いという自信はある。

そのためか、食事会に誘われる頻度も高い（大概、奈美と一緒に繰り出している）。

そんななかで出会った裕太さんは、少し色白で背が高く、笑うと細くなる目が素敵な男性だった。

同じ目黒に住んでいるということで最初から会話は盛り上がり、すぐにＬＩＮＥを交換する。

「由紀ちゃん、ＬＩＮＥ交換しない？　目黒の美味しい店、教えてよ」

食事会終了後、裕太さんと一緒にタクシーに乗ろうとした際に、〝方向が一緒だから〟と、同じタクシーに急に奈美が乗り込んできたときは、空気を読まない奈美を恨んだ。

――せっかく、もう少し話せるチャンスだったのに。

そう思いながらも私のほうが近かったため、二人をタクシーに残して先に降りる。

もっと話したかったと思っていると、裕太さんからＬＩＮＥが入った。

〝**今日はありがとう！　とっても楽しかったよ。また今度ご飯行かない？**〟

食事会で盛り上がった当日。いうならば、解散して家に着いた頃合いでＬＩＮＥが来るのは嬉しい。

余韻が冷めぬうちに、会話をしたいから。

しかしこの一文を見たときに、少し火照っていた身体が冷めていくのを感じた。

――食事会後の定型文。

咄嗟に、そんな言葉が頭に浮かぶ。

今まで何人ともデートを重ね、何十回、いや何百回もの食事会に参戦してきた。男性からのセリフはいつも同じ。まるで定型文だ。

だから私も、お決まりの台詞で返す。（1）


翌日、夕方頃に奈美からＬＩＮＥが入っていた。

食事会後に、お礼のＬＩＮＥを送るのは男性に対してだけではない。女性も、友達同士でお礼のＬＩＮＥを送り合っているのだ。

そしてそれは情報共有の場でもある。

〝由紀、昨日はありがとう―✨〟〝裕太さん、いいね！ タクシーでも盛り上がったよ♥〟

〝え、そうなの?? よかったね。裕太さん、何て言ってた？〟

奈美からの返信には、奈美と裕太さんのＬＩＮＥのやり取りのスクリーンショットが貼られていた。

〝送ってくれてありがとう―😊家近くてビックリ！笑　また飲もう♪〟

〝こちらこそ、今日はありがとう！　そうだね、家近いしまた飲もう！〟

このスクショを見て、裕太さんに対する気持ちはさらに冷めた。

――結局、みんなに同じ内容を送っているんだ……。

男性側の事情なんてこっちは知らない。

タクシーの中で、二人がどんな会話で盛り上がったのかも分からない。でも結局、同じような文章を、まるで定型文のごとくみんなに送っているのかと思うと、女性としてはショックである。

女同士は、男性との会話をスクショで送り合う。

それに気づかず、女性たちに同じような文面を送っている男性の、なんと多いことか。

――これ、ほぼコピペだわ……。

社交辞令だとしても、自分に送った内容と、友達に送った内容がまるで一緒。

女性は、〝あなたは特別〟と言ってもらいたい生き物である。隣のあの子よりも、自分は大切にされている。そう思いたい。

しばらくコピペ男・裕太のことは放置しようとしていたが、週明けに入ったＬＩＮＥで心は揺らいだ。

〝由紀ちゃん、お疲れ！　仕事中かな？　今度の土曜日、ご飯行かない？〟

食事に誘ってくれるのは、少しは特別だと思ってくれているサインだろうか。しかも奈美は結局、まだ具体的には誘われていないと言っていた。

少しだけ淡い期待を抱いて、裕太さんと食事に出かけることにした。（2）

「わぁ、こんな所にこんなお店があったなんて！　素敵なお店ですね」

裕太さんが指定した『ラ メゾン ダミ』はこじんまりとした、温かい雰囲気のお店ですぐに気に入ってしまった。

ワインのセレクトも良く、裕太さんがオススメだと言っていた鯖のマリネは絶品だった。

「裕太さん、さすが。美味しいところ知ってますね」

「そんなことないよ。由紀ちゃんのほうこそ、たくさんいろんな人に連れていってもらってるでしょ？」

会話は順調に進んでいたが、会話を進めていくうちに気になったことがある。

裕太さんは、会話までどこか定型文のようなのだ。

「由紀ちゃんの出身地は？　へぇ、名古屋なんだ。やっぱり味噌カツとか好きなの？」

「由紀ちゃん、大学は学習院？　分かる、学習院っぽい雰囲気があるもん」

「長女なの？　だからしっかりしてるんだね」

別に名古屋出身だからといって、全員が味噌カツを好んで食べるとは限らない。

それに学習院大学だといっても、大学からなのでそこまで大学のカラーに染まっているた。

のかは疑問である。

だんだんとおきまりの会話に飽きてきた自分がいた。

「由紀ちゃんって、絶対モテるよね」

そしてこの一言、最初の食事会のときに、隣の席で奈美に言っているのを私は聞いていた。

裕太さんはきっと、とてもいい人なんだと思う。みんなのことを考え、誰に対しても平等に、優しく接してくれる思いやりのある男性だ。

でも、女性は意外に〝誰に対しても優しい〟人を求めていない場合が多い。

自分だけのために紡いでくれる愛の言葉を求めており、自分だけに優しくしてくれる温かいぬくもりが欲しい。

コピペや定型文は、求めていない。

可もなく不可もなく、デートは終わった。しかし翌日、やはり律儀に、また決まった文面で裕太さんからＬＩＮＥが来ていた。

〝昨日もありがとう！　とっても楽しかったよ！〟（3）

私は、自分だけを見てくれる人がいい。

裕太さんは、奈美に譲ろう。そう思いながら、裕太さんとのＬＩＮＥの会話をスクショし、奈美に送った。

POINT

Q1 食事会の後、女性に何とＬＩＮＥを送ればいい？

A1 定型文は、もう十分。女は〝自分は特別〟という感情を抱かせてほしい

Q2 いつ、どこで粗相した？　デートも会話も完璧だったはず

A2 セリフの使い回しはいりません。名古屋出身だから味噌カツ好きとは限りません

答えあわせ

1

この食事会後の定型文、これまで何十回、何百回と繰り返してきたなぁ……と感じている。

食事会後

今日はありがとう！とっても楽しかったよ。
また今度ご飯行かない？
既読 23:07

今日はご馳走さまでした
美味しかったし、楽しかったです
23:08

また時間あるとき、教えて！話してたお店、一緒に行こう！
既読 23:09

そのお店、すごく行きたいです 楽しみにしてます
23:10

2

ほかの女性にもコピペ文面を送っていることが判明したが、食事に誘ってくれているならまだ脈アリかな、と期待。

数日後

由紀ちゃん、お疲れ！仕事中かな？今度の土曜日、ご飯行かない？
既読 17:00

いいですね～ ぜひ行きたいです
17:07

デート後

昨日もありがとう！とっても楽しかったよ！
既読 19:14

昨日はご馳走さまでした
美味しかったし、楽しかったです
19:16

また今度ご飯行けると嬉しいな^_^次はいつ空いてる？
既読 19:17

来週火曜とかどうでしょう。
友達も誘っていいですか？
19:20

3

デートのときもコピペ会話、デートの後のLINEもコピペ定型文。もうこの人とはいいかなと思っている。

Case 15

Haruka ▼ Satoshi

盛り上がった後のデートの誘い。「また今度」の〝また〟っていつですか？

「あれ？　春香ちゃん……だよね？」

サトシさんとの出会いは、偶然だった。

二年ほど前に知り合いのお誕生日会で一緒になったけれど、そのときは連絡先も交換できぬまま終わった。

しかしこの秋、ＣＡからＰＲ会社に転職して、婚活真っ最中の私に、神様が微笑んでくれたのだろうか？　友人が開催した食事会で、再会を果たすことになったのだ。

「サトシさん！　ご無沙汰ですね」

前回会ったときから、この人ステキかも、という感覚はあった。でも確か、サトシさんには当時彼女がいたはず。

――食事会に来てるってことは、もう別れたのかな……。

そんな淡い期待を抱きながらも、サトシさんと近況報告をし合う。今回こそはＬＩＮＥを交換したい。

連絡先が分からないままでは、後にも先にも進めないから。だから会話の中に、さりげなく〝誘ってほしい〟アピールをしてみた。

「最近、ジムに通い始めたんですけど、実際に何をしていいのか分からなくて」

曖昧な記憶を辿りながら会話を進めてみる。確か、サトシさんはジムに通っており、「上腕二頭筋を鍛えるのにハマっている」という話をしていた。

「そんな細いのに、ジムに通いだしたの？　いいねー。どこ鍛えたいの？」

「ウエストを絞りたいんです。どうやったらいいですか？」

饒舌に話すサトシさんの横顔を盗み見ながら、解散までにＬＩＮＥの交換できるかな、なんてことばかり考えていた。

そして帰り際、サトシさんから待望の一言が飛び出した。

「春香ちゃん、ＬＩＮＥ交換しようよ」

ここで私は考えた。もしサトシさんのほうから連絡が来たら、これは先に進めるサインだと捉えよう、と。

翌日、ソワソワしながら会社へ向かう。連絡が来るかどうか、朝から自分の中で賭けていたから。連絡が来れば、少しは脈アリだと思う。でも連絡が来なければ、ご縁はなかったということ。

朝から携帯をチェックしていたが、肝心のサトシさんからはお昼を過ぎても連絡が来ない。夕方になり、もう諦めかけていた頃、待ちわびていた一通のＬＩＮＥが私の携帯に届いた。

〝昨日はありがとう！　久々の再会にびっくり^_^〟

サトシさんからだった。

これは、かなりの脈アリだ。何と送れば良いのか熟考したいけれど、既読してから時間を空けすぎるのもどうかと思われる。

取り急ぎ、当たり障りのない返信を送った。

〝昨日はありがとうございました✨本当にびっくりしました😀✨お仕事頑張ってください♪〟

緊張しながら、サトシさんからの返信を待つ。

送った文面は変じゃなかったか、絵文字が多すぎたか、などいろんなことが気になってくる。そもそも、今は仕事中なんだから「お仕事頑張ってください！」なんて当たり前すぎたかな……。何で、ＬＩＮＥやメールは、一度送信したものを消せないのだろうか。相手が既読になるまで、何度でも書き直せたらいいのに。

そんなことを考えているうちに、またＬＩＮＥの通知が入る。サトシさんから、想像以上に早い返信が来た。

〝ありがとう！　今日は春香ちゃんジム行くの？　僕は週末、走りに行こうと思ってます〟

そしてここから、ＬＩＮＥのやり取りはテンポよく続いた。

〝一昨日ジム行ってきたんですけど、いまだに筋肉痛です（笑）週末ラン、いいですね〟

〝この季節はちょうどいいよね！　外は走らないの？〟

〝ちょっと日焼けが怖くてでも、楽しそうですね♪〟

〝楽しいよ！　よければまた今度一緒に走ろうよ〟

〝いいですね！〟

昨今のフィットネスブームに乗っかって良かった……改めて、そう感じた。

もつべきものは友……だけでなく、〝男性と会話が弾む趣味〟である。

――今度、一緒に走ろうよ。

サトシさんにこう言われたら、もちろん走るに決まっている。日焼けは嫌だけれど、軽いウォーキングなら一緒にできるだろう。想像するだけでも楽しかった。

そしてここからしばらく、サトシさんとのＬＩＮＥは不定期ながらも続いていた。すぐ途絶えるかと思っていたから、これは予想外の嬉しい展開だった。

しかし、ふと考える。どうやったら、二人での食事に持ち込めるかな？　と。

再会してから二週間くらい経っても、しばらくLINEは続いていた。これといった進展はないけれど、ただLINEできるだけで嬉しかった。

しかしそろそろ次の段階に進みたい。そこで並木橋近くにあり、コスパが良いので女子会には重宝している『ミニヨン』にて、女友達・夏美に現状の相談をしてみた。

「サトシさん、LINEのやり取りは続いているんだけど、なかなかデートには誘ってきてくれなくて……」

どれ見せて、と言いながら、食べる手を止め、夏美が私とサトシさんのLINEのやり取りを見るために携帯を覗き込む。

「これ、いけるでしょ！　サトシさんだって暇じゃないと思うし、春香に多少なりとも気はないとこんなにLINE送ってこなくない？」

「そうかなぁ……」

そうは言いながらも、私も同じように感じていた。好きでもない女性に、LINEはしてこないだろう。

それに再会したとき、向こうから連絡先を聞いてきたし、向こうから連絡が来た。

どうでもいい女性にそんなことはしないはずだ。夏美の言葉を噛み締めるように、私は大きく頷いた。

「そうだよね、そしたら私のほうから、少しプッシュしてみようかな〜」

「いいじゃん。春香なら大丈夫だよ。頑張って！」

この日は、帰り道に一人でワインを買って帰った。何となく、気分が良かったから。秋風が吹く夜道を歩いていると、東京の街を急に愛おしく感じ、さらに酔いが回ってきた気がした。

翌日の夕方。思い切って自分から誘ってみることを決意した私は、スマートフォンと対峙していた。朝はテンションが低いだろうし、夜は食事中だったら申し訳ない。昼休みの時間を狙っても良かったけれど、黄昏時のほうが、良い返事をもらえる気がした。

18時20分。これくらいが、ベストな時間だろう。何度か考えた文面をもう一度見直し、送信ボタンをエイっと押す。

〝お仕事お疲れさまです！　突然ですが、今度お食事行きませんか✨〟

文面は、極力シンプルで単純明快に。

断られたらどうしようと思っていたが、その不安とは裏腹に良い返事が来た。

〝いいね！　今度行こう^^〟

返信を見て、今度は嬉しさで胸が高鳴る。やった、これでデート決定だ。

デートは今週末かな？　それならば、今日から夕飯はサラダにして少しダイエットしないと。ネイルのお直しにも行きたい。

〝楽しみにしています♪　今週土曜とかはご都合いかがですか？〟

〝ごめん、今週土曜は予定があって💔〟

今週土曜はダメなのか。でも仕方ない、突然だし、忙しいサトシさんのこと。そりゃ、もう週末の予定くらい埋まっているだろう。

とはいいながら、未練がましい自分もいる。携帯を見つめていると、もう一通、サトシさんからＬＩＮＥが来た。

〝また今度誘うね！〟

自分でも、顔がパァッと明るくなるのを感じた。断った後すぐに「また今度」と言っているのは、彼も残念がっている証拠だ。

しかしここから、サトシさんの〝また〟の誘いは来ていない。

男性が言う〝また今度〟とは、具体的にいつのことを指すのだろうか？　ただの社交辞令なのか、それとも本当に考えているのか。

でも社交辞令ならば、どうしてこまめにＬＩＮＥをくれていたのだろうか？　そもそも、気がないならここまでＬＩＮＥはしないはず。

彼の掴めない行動に、心の中がかき乱されていた。

Satoshi
▼
Haruka

男の「また今度誘うね」詐欺。原因は、女が送ったLINEにミスあり

同期が主催した食事会で春香と再会したときは、とても驚いた。

数年前に誰かの誕生日会で会ったときに、すごく綺麗な人がいるな、と鮮明に覚えていたから（確か元CAだったはず）。しかしあのときは僕にも彼女がおり、春香とそこまで話すこともできず、連絡先も交換できぬまま終わった。

久々に会っても春香の美貌は衰えておらず、少しふわっとしていて抜けているところも変わっていなかった。

「春香ちゃん……だよね？」

覚えてくれているかどうか少し緊張しながらも話しかけると、嬉しいことに向こうは名前まで覚えてくれていた。

「サトシさん！　ご無沙汰ですね」

たまに再会しても名前が思い出せない人もいるし、逆に名前を覚えてもらえていない人

もいる（何度会っても人の名前を覚えない女性は、高飛車で勘違い系が多い）。

再会したのには何か意味があるかもと勝手に舞い上がり、今回こそはとしっかり連絡先を交換した。

「春香ちゃん、ＬＩＮＥ交換しようよ」

「もちろんです！」

この日はそのまま解散し、翌日の夕方にＬＩＮＥを送った。

本当は、こちらがご馳走した立場だから、向こうから連絡が来るかなと思っていたんだけど。

まるで待ち構えていたのかと思うほど速攻で既読になり、そしてすぐに返信をくれた。

待ちわびていた返信を読んで、一瞬戸惑う。

〝昨日はありがとうございました✨本当にびっくりしました😊✨お仕事頑張ってください♪〟

——会話が、終わってしまった……。

「お仕事頑張ってください♪」という文面に対して、こちらが送れる返信は一つしかない。

「ありがとう」だ。それ以上にもそれ以下にも適切な返信は見当たらない。

しかしまた、こちらもその一文を送れば、そこでこの会話は終わりを迎える。まったく次に繋がらないし、これではただの社交辞令を送り合う、お礼ＬＩＮＥに過ぎないではないか。

せっかくの再会だったし、番号も交換したのだから発展性のある会話をしたい。

昨日会ったときに話した会話を思い出そう。そういえば、春香は最近ジムに通い始めたと言っていた。ジムは、自分の得意分野だ。

しかもちょうど今週末に走ろうと思っていたので、その会話をＬＩＮＥで投げかけてみる。もし向こうが興味あるならば、一緒に走れるかもしれない。週末に二人で皇居近くをランするのも、なかなか良いデートプランではないだろうか。遠回しだけれども、誘ってみた。

しかしこのＬＩＮＥのやり取りを続けていくうちに、僕は気がついたことがある。

春香と、会話が広がらないのだ。（1）

毎回、春香の返信は「～ですね」で終わる。疑問符も付いていなければ、こちらが一方的に会話を投げかけて終わる感じがして、どうも盛り上がらない。

――なんだか、なぁ。

そう思いながらも、でも何か糸口があればと思い、惰性でＬＩＮＥのやり取りを続けていた。

春香とＬＩＮＥのやり取りをしている一方で、僕はまったく気合を入れずに行った、広尾にある『中華香彩ジャスミン』で開催された食事会で、香里奈という女性に出会った。家が近いこともあり何度も通っている店だが、相変わらずここのよだれ鶏は辛さのバランスが絶妙で、何皿でも食べたくなる。

「私、ここのよだれ鶏が大好物で。舌がピリッとするこの感覚、クセになるんですよね」

隣に座っていた香里奈の発言に、思わず笑ってしまった。まったく同じことを考えていたから。

明るくて気さくで笑顔が可愛い香里奈と、とりあえずＬＩＮＥを交換した。すると翌日、彼女のほうからＬＩＮＥが入っていた。

〝昨日はご馳走さまでした✨〟

〝いえいえ！　また飲もう^_^〟

〝そういえば、サトシさん今週末皇居走るんですか？〟

〝うん、天気が良ければそのつもり！〟

〝今度、私もご一緒させていただいていいですか？〟

断る理由はない。〝もちろん！〟と簡単な返信を送ると、週末ランがより一層楽しみになってきた。

春香との会話は一方的にこちらの提案で終わっていたが、香里奈はきちんと受け止め、そして投げ返してくれる。あまりにも我が強いのは勘弁してほしいが、適度に強気で積極的な子は大歓迎だ。

そんなとき、春香からＬＩＮＥが来た。

〝お仕事お疲れさまです！　突然ですが、今度お食事行きませんか✨〟（2）

春香から来た、初めて質問形のＬＩＮＥだった。しかしもう少し、タイミングが早ければ良かったのに……。最初のテンションからはトーンダウンしているので、何と返信すべきか悩んだが、とりあえず失礼のない文章を考える。

はっきりと断るのは、ときに面倒である。

気も使うし、二度と会わないと分かっている相手ならば、もしかしたら返信すらしないかもしれない。しかし春香の場合、悪い子でもないし、かといって今は二人で食事に行くほどでもない。

だから、春香にこう送った。具体的には提示せず、何となくぼかした返信を。

〝また今度誘うね！〟（3）

狭い東京で、またどのように再会するかも分からないうえ、どこで誰が繋がっているかも分からない。だから僕の評判が落ちずに、かつ傷つけない、やんわりとした断り文句。

それが、「また今度」なのかもしれない。

POINT

Q1 向こうから連絡が来た＝興味あり、と捉えていいですか？

A1 本当は連絡をもらいたかったけれど、気になる女性にはこちらから連絡します

Q2 「また今度誘うね」。その〝また〟っていつですか？

A2 具体的な日時を言いたくないときに使うのが「また今度」

答えあわせ

ありがとう！今日は春香ちゃんジム行くの？僕は週末、走りに行こうと思ってます
17:06

既読 17:06
一昨日ジム行ってきたんですけど、いまだに筋肉痛です（笑）週末ラン、いいですね

この季節はちょうどいいよね！外は走らないの？
17:07

既読 17:07
ちょっと日焼けが怖くて
でも、楽しそうですね♪

楽しいよ！よければまた今度一緒に走ろうよ
17:08

既読 17:08
いいですね！

1
会話が広がらない。疑問符も付いていなければ、こちらが一方的に会話を投げかけて終わる感じがして、どうも盛り上がらない。惰性でLINEのやり取りは続く。

約二週間後

既読 18:22
お仕事お疲れさまです！突然ですが、今度お食事行きませんか

いいね！今度行こう^_^
18:23

既読 18:23
楽しみにしています♪今週土曜とかはご都合いかがですか？

2
もっと早く質問形や疑問形のLINEを送ってくれれば良かったのに……。はっきりは断れないので「今度」と返事。

ごめん、今週土曜は予定があって
18:23

また今度誘うね！
18:24

3
「また今度」は自分の評判を落とさず、かつ誰も傷つけない断り文句。

Case 16

Haruka
Junpei

いい女がすべきは"LINEケア"?大好きな彼を振り向かせるLINEテクとは

純平と出会ったのは、勝どきにある彼のタワーマンションで開かれた、ホームパーティーだった。

男性陣は、純平の会社の同僚四人と、女性陣はCA時代の仲間の四人組。最近は、こうしたホームパーティーでの出会いも多い。お洒落なレストランでの食事会も素敵だけれど、ホームパーティーで出会うほうが、仲良くなるスピードが格段に早い気がする。

出会いがたくさんあってもなかなか彼氏ができない私は、本格的に焦り始めていた。CAからPR会社に転職してちょうど一年が経ち、そろそろ結婚を見据えた付き合いがしたかったのだ。

そんなとき出会ったのが、純平だった。

純平は不器用そうな感じで、いわゆる女ウケするタイプではない。しかしアメフトでがっちり鍛えられた風貌とは裏腹に時々はにかむ笑顔が可愛くて、一目見た瞬間から気になる存在だった。

純平も同じ気持ちだったのか、私たちは連絡先を交換した後、何度かデートをした。そして朝の「おはよう」から夜の「おやすみなさい」まで、日常的にＬＩＮＥを送り合う仲になったのだ。

しかし、私はこの状況に悶々としていた。

付き合っているくらいの頻度で連絡を取り合っているのに、彼から「好きだ」や「付き合おう」の言葉が、一向に出てこないのだ。


そんなある日のこと。

いつもとは明らかに違う純平からのＬＩＮＥに、動揺してしまう出来事があった。

純平の様子がおかしいと感じたのは、会社の先輩との飲み会の後に来たＬＩＮＥだった。

〝お疲れ！　今飲み会終わったよ。飲みすぎた！〟

〝遅くまでお疲さま～！　楽しかった？✨〟

〝うん、先輩が飲みすぎて……。それに付き合わされて大変だったよ💔〟

日々のやり取りのなかで、〝大変だ〟なんて弱音を吐くことは初めてだった。学生時代のアメフト部で鍛えられたせいか、彼はめっぽうお酒に強い。

きっと先輩に飲まされて、本当に大変だったに違いない。毎日ＬＩＮＥしているから、彼のことは十分分かっているつもりだ。だから私は、精一杯気遣いのＬＩＮＥを送る。

〝前言ってた、高田先輩って人かな？　大変だねｗ　飲みすぎに注意だよ！〟

〝うん。今日はもう寝るね！　おやすみ^_^〟

おや？　何か様子が変かも、と女の第六感が働く。

お酒を飲んだらテンションの上がる純平が、早々に切り上げて帰ってきたとは考えづらかったのだ。

時計を見ると、まだ24時前である。珍しいなぁと思いながらも、私はいつも通りのＬＩＮＥを送った。

〝おやすみなさーい！　また明日、起きたら連絡するね〟

少し引っかかったことがあっても、何も聞けない自分を恨めしく思う。

お互い好意があることは、何となく分かっている。もっと素直な女の子だったら、〝どこで飲んでいたの？〟〝誰と飲んでいたの？〟とか聞けるに違いない。

私はそんなことも聞けず、ただ一人で悶々としているだけ。〝いつもより、解散が早いね〟と聞きたい気持ちをぐっとのみ込む。

〝ねぇ、突然だけど、純平ってほかにデートしてる子とか、いるのかな？〟

悶々とした気持ちは、女友達にぶつけるに限る。私はそのまま、純平を紹介してくれた親友の千夏にＬＩＮＥを送った。

〝純平君？　ないでしょ。真面目そうだし、そもそも不器用っぽいから同時並行とかできなさそう（笑）〟

〝そうだよね～。でもなかなか付き合う感じでもないし……〟

〝毎日ＬＩＮＥしてて、デートもしてるんだから大丈夫でしょ。それより純平君はマイペースっぽいから、焦って問い詰めるより、彼のペースを優先してあげたほうがいいかもね！〟

〝いい女は男を問い詰めない、何も聞かない〟、と以前テレビの恋愛講座番組でやっていたなぁ……。そんなことを思いながら、私は親友のアドバイスに忠実に従うことにした。

〝確かにね～。分かった！　そうする。それより、例の彼氏とどうなの？〟

〝それがさぁ、もう最悪で〟

そのままベッドに横たわりながら、女同士の赤裸々なＬＩＮＥトークは延々に続く。男性は、裏で女性がＬＩＮＥでこんなこと話しているとはきっと知らないのだろう、と思いながら。

そんな出来事があった後、私は初めて純平からのＬＩＮＥに返信できない事態に陥った。

クライアントからクレームが来て、急遽その日中に訂正案を出さなければならなかったのだ。

〝今夜、また先輩との食事が入っちゃった。。。〟

19時に純平から来ていたＬＩＮＥを一瞬開封したものの、そんな悠長に返信を打っている暇なんてない。一刻を争う事態に、私は鬼の形相で仕事に取り組んでいた。

〝そうなんだ！　お疲れさま〟

お手洗いに行くタイミングで慌てて返信を打つ。いつものように絵文字など一切入れられなかったけれど、返信できないよりはマシだろう。

20時半頃に返信をしたまま、再び私は仕事に追われ、携帯を触るどころではなくなってしまった。

〝ありがとう！　春香も、楽しい金曜の夜を過ごしてね！〟

23時頃に携帯を開くと、純平からＬＩＮＥが入っていた。私が送ったすぐ後に返信をくれていたようだが、楽しい金曜どころか、最悪な金曜だと心の中で呟きながら私は仕事に戻った。

でも、疲れているときに好きな人からＬＩＮＥが来るのは嬉しいものだ。

普段は私のほうが早く仕事が終わるので、自分からせっせとＬＩＮＥを送る立場だった。

しかし珍しく立場が逆転すると、忙しいときに何でもいいから一言ＬＩＮＥが来ているとほっとすると言う男性の気持ちが分かったような気がした。

「あぁ、疲れた」

結局、仕事が終わったのは24時過ぎだった。疲れ果てて帰宅した私は、気づけば寝てしまっていたらしい。

――しまった！

朝日とともに目が覚め、翌朝になってしまったが、慌てて純平に返信を打つ。

〝ごめん！　昨日仕事が立て込んでて、返信できなかった〟

〝こっちこそ、連絡できていなくてごめんね。大丈夫だった？　連絡ないから、心配したよ〟

毎晩寝る前にＬＩＮＥをしていたので、昨日送れなかったことを後悔しつつ、素直に心配してくれる純平の優しさに、私の心は温かい気持ちで包まれた。

――良かった。今日は会社に行くんだよね？　頑張ってね。

そう送ろうとしたとき、純平のほうから意外なＬＩＮＥが来た。

〝春香と、会いたいな〟

土曜の午前10時。私は、純平からのＬＩＮＥを見て携帯を落としそうになる。

普段は口下手で、九州男児のように硬派な純平は、普段こんなことを一切言ってこない。

――これは一体、どういう意味なんだろう？

何なら前日、ＬＩＮＥの返信をしていない。むしろ良いことはしていないのに、どうして彼はそんなことを言ってきたのだろうか？

純平の意図がよく摑めずにいたが、でもきっと喜ぶべきこのＬＩＮＥに私は一人で笑顔になった。

Junpei
▼
Haruka

男が求めている〝ＬＩＮＥの相性〟。これが合えば男はグッとくる

春香とは、僕の家で開いたホームパーティーで出会った。

元ＣＡだという彼女はとても綺麗な子で、一瞬で心を奪われてしまったのだ。

彼女も同じ気持ちだったのか、僕たちはすっかり意気投合し、何回かデートをして毎日ＬＩＮＥもするようになった。

――そろそろ、告白しようかな。

僕は体ががっちりしているので肉食系だと思われがちだが、恋愛には慎重なタイプだった。それに彼女の年齢のことを考えると、付き合ったら当然〝結婚〟という話は避けられないだろう。だからこそいつにも増して慎重になっていた、ある日のこと。

「純平さんは、彼女いるんですかぁ?」

先輩に誘われた食事会で隣に座っていた留美という女性が、甘ったるい視線を投げかけてきた。

「うーん。一応、いないけど」

「一応って何それ(笑)」

留美はずっと僕の隣を離れず、LINEもしつこく聞いてきた。

「今度、デートしてくださいよぉ」

積極的な留美に、僕は少したじろいだ。しかしハーフのような顔立ちと少し派手な雰囲気がタイプだったので、一瞬心がぐらついた。

「う、うん。また時間があったらね」

春香に少し罪悪感を抱きながら、僕はいつも通りLINEを送った。

〝お疲れ! 今飲み会終わったよ。飲みすぎた!〟

〝遅くまでお疲れさま~! 楽しかった?✧〟

時刻は24時前だったが春香はまだ起きていたようで、すぐに返信が来た。

〝うん、先輩が飲みすぎて……。それに付き合わされて大変だったよ💔〟

〝前言ってた、高田先輩って人かな？　大変だねｗ　飲みすぎに注意だよ！〟

〝まだ飲み会の途中だけど……〟という言葉をぐっとのみ込みながらも、僕は春香の心の広さと気遣いができる優しさにほっとした。（1）

付き合って結婚するのだったら、やっぱりこういう言葉をかけてくれる子がいい。

〝おやすみなさーい！　また明日、起きたら連絡するね〟

向こうが寝るのを確認してから、僕はスマホから目を離した。西麻布にあるカラオケの個室は、先輩を始め留美やほかの女性陣が大いに盛り上がっている。

皆酔っ払っているのか、マイクを奪い合いながら〝好きなタイプを言い合うゲーム〟という、よく分からないゲームまで始まっていた。

――早く帰りたいなぁ。

春香と日々のルーティーンのような、ほっこりしたＬＩＮＥのやり取りを終えると、急にこの空間が色褪せて見えた。


その一週間後。

留美と出会ってから、彼女は積極的に僕にＬＩＮＥを送りつけてきた。

〝今度、行きたいお店があって！　純平さん、いつ空いてる？〟

ぐいぐいと来る留美は、半ば強引に、有無を言わせない勢いで迫ってくる。

〝来週金曜なら空いているかも〟

〝本当？　そしたら、金曜空けておいて♡〟

こうして、僕は結局留美に言われるがまま、翌週の金曜日に食事に行くことになった。

春香に少し後ろめたい気持ちを感じながらも、正直可愛い子に食事に誘われて、悪い気はしなかったのだ。

〝今夜、また先輩との食事が入っちゃった。。。〟

19時。後ろめたさを感じながらも、いつもの癖で春香にＬＩＮＥを打つ。しかし普段すぐに帰ってくるはずの返信が、なかなか来ない。

春香から返信が来たのは、食事が始まってしばらく経ってから、時間は20時半過ぎだった。

「ちょっと、仕事のメール返してきてもいいかな？」

目の前に座る留美にそう言って、僕は春香のＬＩＮＥに返信する。仕事のメール、と言えば大概の女性は納得するのだ。

席を立ち、留美から見えない場所で僕は春香から来ていたＬＩＮＥを開いた。

〝そうなんだ！　お疲れさま〟

急に絵文字も何もないＬＩＮＥに、僕は動揺を隠せなくなる。春香は、まさか今日、

僕が女性と二人で食事をしていることを知っているのだろうか？（2）

早まる胸の鼓動を感じながら、僕はすぐに返信した。

〝ありがとう！　春香も、楽しい金曜の夜を過ごしてね！〟

そしてここから、また春香の返信は途絶えた。いつもなら寝る前に〝おやすみ〟と来るはずなのに、今日に限って何も来ない。

「ここのお店、来たことあった？　私、ずっと前から来たくて♡」

まったく鳴らない携帯に気を取られ、留美との会話があまり耳に入ってこない。

「ないよ。留美ちゃん、お店とか詳しそうだよね」

「まぁねー。食べることが好きだし、いろいろと調べることも好きなの」

そう言いながら、留美は次々と気になっているお店や美味しいお店を教えてくれる。

それに感心しながらも、春香から返信が来ているか気になって仕方なかった。

〝今夜は外で飲んでいるのかな？　今から帰るね〟

それに対しても、春香からの返信はなかった。もしかして、具合が悪くて寝込んでいるのか？　そんな不安もよぎる。

いつもだったら、どんなに遅くても24時前に「おやすみ」ＬＩＮＥがあったのだ。それが今夜に限って、既読になっても何も返ってこない。

——もしかして、バレたのか!?

その夜は、気になってなかなか寝付けなかった。

結局その夜に春香から連絡はなく、ＬＩＮＥが来たのは翌朝になってからだった。

〝ごめん！　昨日仕事が立て込んでて、返信できなかった〟

翌朝、いつも通りのテンションで来た春香からのＬＩＮＥに、僕は心底ほっとした。

安堵《あんど》の気持ちに包まれた途端に、ふと春香とのやり取りがどれほど自分にとって大切なのか、身にしみる。（3）

当たり前に毎日続くと思っていた、春香とのＬＩＮＥ。

でも当たり前なんてことは何もなく、失いかけて初めて気がつくこともある。

僕は毎晩来ていた春香との連絡がなくなっただけで、言うならば半日春香から返信が来なかっただけで落ち着きを失っていた。

――あぁ、僕にとって春香の存在は大きいんだな。

改めてそう感じ、次会ったときに告白しようと決意したちょうどそのとき、一通のＬＩＮＥが入る。留美からだった。

〝純平君、昨日はありがとう～♡♡　楽しかったね✨✨また飲み🍺に行こうよ～！〟

ＬＩＮＥを開いた瞬間に、げんなりしてしまった。春香の大切さを感じていたことはもちろんのこと、〝ＬＩＮＥのテンションが合う〟というのはとても大事なことだと気づいたからだ。

相手のテンションが一方的に高い場合、こちらは少し引いてしまう。そうかと言ってあまりにもテンションが低いと、それはそれで冷めてしまう。

絵文字や、言葉遣い。

そのテンションが一緒だと嬉しいし、ＬＩＮＥも続く。二人で共通の話題があり、適度に盛り上がる。送り合う頻度が心地よいと感じられる関係でいられる女性は、実は少ないのかもしれない。

僕は、今まで一体何を学んできたのだろうか。

さまざまな女性と出会い、ＬＩＮＥを交換し、そして続かなかった。それは相手だけではなく僕のほうにも原因があるが、〝ＬＩＮＥの相性〟はとても大事だ。

そんなことを考えていたら春香にすごく会いたくなって、普段言わないような素直な気持ちを、僕はＬＩＮＥで送っていた。

〝春香と、会いたいな〟

ＬＩＮＥが既読になった瞬間、僕の胸の鼓動は一気に高まった。

僕たちはこのＬＩＮＥの後、早速会う約束をして、そしてその日から交際がスタートしたのだった。

POINT

Q1 彼から〝飲み会で遅い〟とLINEが来たとき。何と送るのが正解？

A1 さり気ない気遣いを感じられるLINEが来ると、大切にしたくなる

Q2 LINEの返信を忘れた。それなのにどうして急に彼は優しくなった？

A2 いつも来るはずのLINEが急に途絶えたとき、その存在の大きさを知ったから

答えあわせ

お疲れ！今飲み会終わったよ。飲みすぎた！
23:45

既読
23:46
遅くまでお疲れさま～！楽しかった？

うん、先輩が飲みすぎて…。それに付き合わされて大変だったよ
23:50

既読
23:50
前言ってた、高田先輩って人かな？大変だねw飲みすぎに注意だよ！

うん。今日はもう寝るね！おやすみ^_^
23:56

既読
23:57
おやすみなさーい！また明日、起きたら連絡するね。

1
実はまだ飲み会の最中。でも、こういう言葉をかけてくれることに癒やされる。

今夜、また先輩との食事が入っちゃった。。。
19:02

既読
20:33
そうなんだ！お疲れさま

2
そっけないLINEに動揺。ほかの女の子と会うことを知っているのか!?

ありがとう！春香も、楽しい金曜の夜を過ごしてね！
20:35

今夜は外で飲んでいるのかな？今から帰るね
23:22

既読
9:18
ごめん！昨日仕事が立て込んでて、返信できなかった

こっちこそ、連絡できていなくてごめんね。大丈夫だった？連絡ないから、心配したよ
9:20

春香と、会いたいな
10:05

3
返信にほっとするとともに、春香とのやり取りが自分にとって大切なものであることに気づく。

Case 17

Yuji

▼

Misaki

つい送りたくなる〝俺通信〟。マメに連絡する男がモテるのか？

――裕二に紹介したい子がいるから、来週土曜日の夜、空けといて！

美咲との出会いは、学生時代からの悪友・純平からのこんな紹介だった。

純平は、東京大学の同級生だ。

会社は違うが、外資系証券会社に入った純平と俺は妙に気が合い、新卒時代は激務のなか、週末ともなれば何度も朝まで飲み明かした。

そんな純平が、三年前にあっさり元ＣＡと結婚を決めたときは正直驚いた。

「結婚は墓場。まだまだ先でいいよな」

そうお互い話していたのに、純平は32歳で身を固めた。厳格な家で育ったと言っていた、純平らしい決断だった。

悪友の結婚式に複雑な気持ちで出席したのを、今でも覚えている。そして純平が結婚して以来、彼の生活スタイルは一変し、昔のように毎週末飲むことはなくなった。むしろ少し疎遠になっていたくらいだ。

そんな純平が、いまだに独り身な俺を心配したのか、数ヶ月ぶりに突然連絡をよこした。しかも紹介したい人がいるという。

聞けば、純平の嫁の友達だという。純平の嫁とは、面識はほぼない。どういう風の吹き回しかと思ったが、とりあえず今は特定の彼女もいないからまぁいいだろう。

——OK。どんな子？　とりあえず土曜空けとくわ。

単刀直入に言うと、CAは好きではない。高スペックの独身男性には、途端に目の色を変える（特に結婚に焦っている30歳前後の女は必死すぎて怖い）。

——CA以外がいいな……。

そんなことを思いながら、土曜日を迎えた。

そしてこの出会いに感謝することになる。

迎えた土曜日の夜、純平夫妻の家に招かれた。

「裕二さん、紹介させてね。美咲ちゃんです」

ブランド物が大好きなことが全身から読み取れる、純平の嫁。しかし彼女から紹介された美咲は、想像とまったく違っていた。

CAかと勝手に想像していたが、聞けば昨年起業し、自分で輸入会社を経営しているという。

海外経験があり、英語も話せる。

顔も伊東美咲を彷彿させるような美人だ。

「美咲ちゃん、こんな可愛いのにしばらく彼氏がいないらしくて。で、裕二に白羽の矢が立ったわけよ。裕二、お前も彼女いないんだろ?」

純平が場を仕切る。

詳しく話を聞くと、美咲は長年彼氏がおらず、誰か探しているそうだ。〝誰か素敵な人を……〟という美咲のリクエストで俺が紹介されただけあり、美咲は終始前のめりだった。

四人での和やかなホームパーティーが終わり、途中まで帰り道が一緒だった俺と美咲は同じタクシーに乗り込んだ。

何となく肩が触れ合う距離感を意識しながら、LINEを交換する。

〝またすぐ会おう〟と言って別れたが、この日から、俺と美咲はほぼ毎日LINEを送り合うことになる。

〝今日はいい天気だったね。今夜は乃木坂で会食です〟

〝そうなんですね! 私も今夜は六本木にいますよ♬〟

〝週末だね。けど今日は日帰り出張で福岡です。夜には帰るけど、行ってきます!〟

〝お気をつけて! 行ってらっしゃいませ✈〟

美咲と二人で食事に行きたかったが、最近抱えているクライアントが厄介で、平日の帰宅は連日深夜、週末時間をとるのもままならない状況だった。

急なアポが入る可能性も高く、日程をFIXし、美咲を食事に誘える状況ではなくなってしまった。

しかしなかなか会えない状況だからこそ、美咲とのLINEが日々の習慣となった。

〝美咲ちゃん、何してる？　今から『オーバカナル』へ遅めのランチに行こうかなと〟

〝そこ、私の家から近い！　今日はお休みなので家にいます😃✨〟

会話の内容はたわいもないことばかりだ。今日の仕事内容や、食べたもの。ジムの話など。

しかしそんな取るに足らない内容でも、毎回美咲は素早く反応してくれるので、それにまた男心をくすぐられた。

会えなくても〝会いたい〟と無理を言わない、美咲の健気さ。

「仕事が忙しいのは良いことだから」と初めて会ったときに美咲が言っていた言葉を、ふと思い出す。自立している女性は、仕事への理解があって最高だ。

そんな美咲と仕事後に送り合う何気ないLINEは、疲れた心にヒーリング剤のごとく効く。

美咲へ今日の出来事をLINEすることで、会わなくても心が満たされていった。

「やっぱり、家庭って良いのかも……」

今まで、そんな感情が芽生えたことはなかった。しかし社会で生きる男は孤独な生き物だ。そろそろ、心安らぐ人と落ち着くのも良いのかもしれない。たわいもない会話で盛り上がれる美咲なら、この先ずっと一緒にいても楽しい日々が送れる。そんな気持ちが自分の中で徐々に広がっていった。

こうして、美咲とのＬＩＮＥは楽しく続いていた。くだらないＬＩＮＥのやり取りでも話が続く。純平に、感謝しよう。そんな感謝の意を込めて、久しぶりに純平を呼び出した。もちろん、美咲にも報告済みだ。

〝鮨を奢れ〟という純平のリクエストにより、『西麻布 拓』でサシ飲みをすることになった。

純平とは美咲の話で盛り上がり、帰路につくとほろ酔い気分で、いつも通り美咲にＬＩＮＥを送った。

〝**鮨うまかったよー。純平が、よろしくと言っていた**〟

——そうなんだ！　私からもよろしく言っておいてね。

きっと美咲の返事はこうだろう。今の案件が終わったら、また四人でご飯を食べに行くのも良いかもしれない。

そう、期待に胸を膨らませていた。

しかし結局、この日を境に美咲からの返信は来なくなった。それまで、心地よいテンポでLINEのやり取りがあったのに、突然何のレスもなくなった。

〝最近天気悪いね。今夜は六本木で飲む予定！　美咲ちゃんはどこで飲んでる？〟

もう一度送ったこのLINEも、いまだ返信がない。彼氏ができたのか？　それとも純平の嫁から、昔派手に遊んでいた時代のことを聞いたのか？

突如フラれたような複雑な気分になり、消化できずにいる。

Misaki
▼
Yuji

日記かよ!?　一方的に〝俺通信〟を送る男が結婚できないワケ

いい男性はほぼSold Outの東京市場。

「美咲に紹介したい人がいるの。絶対、合うから！」

CA時代の友人、春香に熱弁されたのは、〝東京市場にはいい独身男がいない〟、と嘆いているときだった。

昔は毎晩のごとく、春香とお食事会に精を出していた。

それなのに気がつけば、春香はさっさと東大卒のエリート街道まっしぐらの純平と結婚し、今やすっかりセレブ妻だ。

――仕事に夢中になっていたら、婚期を失った。

典型的なバリキャリ女が陥る、結婚できないパターンに見事に当てはまる自分が怖かった。

しかし自分で会社を立ち上げ、一人で生きている時間が長ければ長くなるほど理想は上がっていく。

毎年確実に減り続ける、同い年前後の独身男性たち。もういい人はすべて〝Ｓｏｌｄ Ｏｕｔ〟の赤札が付いている。

そんななか、春香が見つけてきたのが、旦那・純平の大学時代からの親友だという裕二だった。

裕二は、仕事ができる男だけが放つことのできる独特のオーラを放っていた。

聞けば誰もが知っているような外資系証券会社に勤め、しかもこの若さでトップの地位まで上り詰めている。

素敵な人だな、と思うと同時に、なぜここまでの高スペックな男性が35歳まで独身なのか、と妙な胸騒ぎも覚える。

今年で30歳になるのに独身でいる自分を差し置き、人のことを偉そうに言える立場ではないことは重々理解しているが、35歳過ぎて独身でいる男性は、何かしらある。

男も女も高スペックでありながら結婚適齢期を過ぎて独身でいる人の背景には、何かしらの理由があるのだ。

しかし、裕二からは納得のいく理由は何も見つけられなかった。

「仕事が忙しすぎて、彼女とかいつも放置気味で。気がついたらこの年齢になっていたんだよね」

そう話す裕二の言葉に嘘はなかった。

東京に、もういい男はいないと思っていた。しかし裕二のような人がいるなんて、捨てたものじゃない。

そしてこの日から、毎日裕二とＬＩＮＥをするようになった。正確に言うと、裕二から送られてくる〝俺通信〟が始まった。(1)

〝今日はいい天気だったね。今夜は乃木坂で会食です〟

〝週末だね。けど今日は日帰り出張で福岡です。夜には帰るけど、行ってきます！〟

連日、今日の出来事など短いメッセージが来て、どこか行く前にはマメに連絡をくれる。

好きな男性からＬＩＮＥが来て、喜ばない女子などいない。

しかし徐々に気がつき始めた。

まるで、私は一方的に彼の日記を読んでいるようだと。

最初のほうは、裕二からＬＩＮＥが来るたびに心が高鳴った。

〝気にかけてくれている〟ということが嬉しかったし、毎日ＬＩＮＥが来るのはそもそも論ではあるが、好かれている証拠である。

だからマメに返信もした。

愛想よく、返してあげた。

しかしふと、気がついたことがある。裕二は〝永遠に〟誘ってこない。毎日〝今日食べたご飯〟の内容や、仕事後に〝お疲れさま〟などは送ってくるが、一向に誘い文句はない。

極め付きは、この会話だった。

〝美咲ちゃん、何してる？　今から『オーバカナル』へ遅めのランチに行こうかなと〟

〝そこ、私の家から近い！　今日はお休みなので家にいます😀✨〟

家が近いと言っているうえ、遠回しに行けると伝えた。なのに裕二から送られてきたのは、自分が食べたサラダの写真。（**2**）

さすがにこのとき、気がついた。

この人は、私に会う気がないんだと。私の返答なんて、気にも留めていないんだと。

高学歴で、高収入。仕事もできて、容姿もそこそこ。そんな男性に限って見受けられるのは、結局〝自分が一番大好き〟という傾向だ。

大学受験でも勝ち、就職戦争でも勝ち、社会に出てからも勝ち続けている彼らが自信をもつのは当たり前のこと。そこに否定の余地はない。

しかし結局、自分が一番だと過信し、自分以外の人の気持ちを考えない。

自分の都合でデートのスケジュールを組み、自分の好きなことだけを一方的に相手に送りつけてくる。

きっと、結婚のタイミングも自分で決める人たちだろう。毎回付き合わされるこちらとしては、疲れるばかりだ。(3)

人は、多少の負けを知り、人間らしく生きている人のほうが幅があり、魅力的だ。

〝Mr・完璧〟も良いけれど、私は人の気持ちを汲める男性を選びたい。

LINEは、その人の人間性がよく見える。きちんと会話のキャッチボールができる人は、LINEでもそのようなパス&トスができる。思いやりもある。

対照的に、裕二のように一方的に自分の言いたいことだけ送りつけ、そこで自己完結しているような人はいざとなったとき、自分を真っ先にかばう人だろう。

——やっぱり、35歳過ぎて独身の人は何かしら理由があるな……。

改めてそんなことを思いながら、相変わらず絶え間なく送られてくる裕二からの〝俺通信〟を斜め読みしていた。
もう、返信することはないだろう。
よっぽど面白い〝俺通信〟でないならば。

POINT

Q1 気になる女性へのLINE、どれくらいの頻度で送る？
A1 「今日の出来事」の頻度は抑えて
Q2 気づかぬうちに送っている俺通信。受け手の気持ちは？
A2 いつまでも続くの？　求めていることが分からない

答 え あ わ せ

既読 18:55
今日はいい天気だったね。今夜は乃木坂で会食です。

そうなんですね！私も今夜は六本木にいますよ♬
19:02

既読 10:44
週末だね。けど今日は日帰り出張で福岡です。夜には帰るけど、行ってきます！

お気をつけて！行ってらっしゃいませ
12:11

既読 14:10
美咲ちゃん、何してる？今から『オーバカナル』へ遅めのランチに行こうかなと。

1

最初は嬉しかったけど、一方的に彼の日記を読んでるみたいなLINE。しかも、誘ってこない。何がしたいの？

そこ、私の家から近い！今日はお休みなので家にいます
14:12

2

家から近い、家にいると言っているのに誘ってこない。この人は私のことなんか気にも留めてないんだと気持ちが離れる。

既読 14:30

既読 19:50
今日は久しぶりに純平に会ってくるよ！西麻布のお鮨屋でメシです。

既読 1:00
鮨うまかったよー。純平が、よろしくと言っていた。

既読 18:10
最近天気悪いね。今夜は六本木で飲む予定！美咲ちゃんはどこで飲んでる？

3

「俺通信」に付き合っても疲れるだけ。既読スルー決定。

東京カレンダー
TOKYO CALENDAR
2001年10月創刊の月刊情報誌。東京を舞台としたラグジュアリーなライフスタイルを、食を通じて発信し続けている。2015年にウェブサイトをリニューアルし、リアル・エンターテインメントを追求したストーリー連載を開始。中でも、2017年4月から10月に連載された『LINEの答えあわせ』は人気を博した。
https://tokyo-calendar.jp

本書は『東京カレンダー』ウェブサイトにて、
2017年4月から10月に連載された『LINEの答えあわせ』を、
加筆修正して単行本化したものです。

企画協力	三浦マキ
装丁・本文デザイン	坂川朱音（karran）
書籍編集	九内俊彦（宝島社）、須田奈津妃
編集協力	濱口明日香
本文DTP	株式会社ユニオンワークス

LINEの答えあわせ
男と女の勘違い

2018年2月27日 第1刷発行

著者　東京カレンダー
発行人　蓮見清一
発行所　株式会社宝島社
〒102-8388
東京都千代田区一番町25番地
営業　03-3234-4621
編集　03-3239-0928
http://tkj.jp

印刷・製本　中央精版印刷株式会社

ISBN978-4-8002-7984-2